SYPHILIS

Poème en Deux Chants

PAR

BARTHÉLEMY,

Traducteur de Virgile,
auteur de Napoléon en Égypte, du Fils de l'Homme,
des Douze Journées, de Némésis, etc.

AVEC DES NOTES

PAR GIRAUDEAU DE SAINT-GERVAIS,

DOCTEUR-MÉDECIN DE LA FACULTÉ DE PARIS,

ex-interne des hôpitaux, ancien membre de l'École pratique, membre de la Société de géographie, de la Société de statistique universelle, de la Société pour l'instruction élémentaire, correspondant de la Société linnéenne de Bordeaux, membre de la Société nationale de vaccine, membre de la Société des sciences physiques et chimiques de France, etc.

PARIS

BÉCHET Jne & LABÉ,

LIBRAIRES DE LA FACULTÉ DE MÉDECINE,

RUE DE L'ÉCOLE-DE-MÉDECINE, 4.

BOHAIRE,

LIBRAIRE, BOULEVART DES ITALIENS, 10.

1840

Paris. Imp. et Fond. de F. LOCQUIN et Comp., rue N.-D. des Victoires.

Un hasard de lecture fit tomber entre mes mains, il y a quelques mois, un poème latin qui m'était tout à fait inconnu, et qui a pour titre : *Hieronimi Fracastorii Syphilis, sive morbus gallicus.*—Lipsiæ, 1830 (1.

J'avoue que, quoique traducteur de Virgile, je fus émerveillé de trouver dans une œuvre du seizième siècle, et dans une œuvre de science, une latinité qui me semblait refusée aux auteurs modernes, et j'ose le dire, une foule de beautés empreintes d'une poésie antique et toute virgilienne. Dans mon admiration pour Jérôme Fracastor, j'essayai de traduire quelques fragments de son livre, et j'eus même un moment la fantaisie de faire le même travail pour tout le poème. Bientôt à cette velléité de poète se joignit une pensée de philosophe : il me sembla qu'au lieu de m'appliquer à la traduction longue et difficile d'un ancien ouvrage sur la syphilis, il serait plus convenable d'actualiser la matière et de créer moi-même, sous de moindres proportions, non seulement une œuvre de poésie, mais une œuvre de morale et d'utilité publique. Nulle époque, d'ailleurs, ne me parut plus opportune, pour cette publication, que ce moment même, où deux systèmes thérapeutiques sur le traitement de cette maladie partagent l'opinion des plus sages praticiens, et se trouvent en présence sur le champ de bataille de la médecine. Enfin, pourquoi le dissimuler? je fus séduit par l'étrangeté même du sujet, qui jusqu'ici n'a été présenté que sous des formes légères, ou furtivement introduit dans la poésie par de méprisables colporteurs de plates obscénités. Je me sentis entraîné par la hardiesse d'une excursion dans ce domaine en friche; j'éprouvai une sorte de plaisir à réaliser le vers d'Horace :

Nil intentatum nostri liquére poëtæ,

Je voulus expérimenter une association entre la médecine et la poésie, et découvrir si la fable n'exprime pas une vérité en nous disant qu'Apollon est le père d'Esculape.

En un mot, s'il est permis de formuler la bizarrerie de ma pensée, par une sorte d'expression blasphématoire, par la plus monstrueuse des antithèses; je me suis dit que, tous les genres se trouvant aujourd'hui exploités, usés, triturés, tous les sujets littéraires étant déflorés, il n'en existait aucun qui fût plus vierge que la Syphilis.

Il est inutile de déclarer qu'au premier abord je fus épouvanté par la nature de la composition, et par le nom seul de l'alarmante héroïne de ce poème. Mais exercé depuis longtemps à ce genre de courage ; je pensai, après mûre réflexion, que sans soulever un scandale littéraire, je pouvais aborder cette scabreuse difficulté, faire absoudre l'impudicité de la matière par la chasteté de l'exécution, en publiant un livre dont la lecture ne portât la rougeur au front de personne, et dont le titre seul fût un objet d'épouvantement.

J'ose l'espérer, ceux qui auront lu ce petit poème conviendront qu'il ne contient aucun passage, aucun vers même, qui ne puisse être cité par une bouche honnête ; et que bien loin de spéculer sur des peintures érotiques, comme moyen de succès, il n'a d'autre but et d'autre effet que d'inspirer l'aversion de la débauche et l'horreur du fléau qu'elle entraîne si souvent à sa suite ; ils lui rendront cette justice, qu'au lieu d'être mis à l'index comme une œuvre de corruption, il devrait, au contraire, être placé entre les mains des jeunes gens, comme un avertissement sévère, comme un salutaire préservatif contre le danger physique de la plus impérieuse des passions ; bien différent en cela , de certains ouvrages de morale, tels que le fameux livre de Tissot, qui, sous prétexte de porter dans de jeunes imaginations un sentiment de dégoût et d'horreur pour le vice, ne produisent d'autre effet que de satisfaire une curiosité libidineuse, et n'agissent sur les esprits que comme des excitants dangereux et des agents provocateurs.

Le poème une fois terminé, j'ai jugé qu'il était indispensable d'y ajouter quelques notes pour éclaircir ce qui n'est qu'indiqué dans le texte, et pour arriver logiquement à des démonstrations qui seraient fastidieuses ou obscures avec la poésie. Mais là j'ai reconnu mon impuissance, j'ai senti que mes lectures superficielles de quelques ouvrages de médecine ne suffisaient pas pour me rendre habile à traiter cette matière, difficile même pour les professeurs ; et j'ai naturellement eu recours à un homme dont personne ne contestera la compétence, le docteur Giraudeau de Saint-Gervais, qui, officieusement, et par amitié, a bien voulu se charger de cette tâche laborieuse, tout à fait au dessus de mes forces, mais indispensable pour compléter cet opuscule, et arriver au but d'utilité publique que je me suis proposé avant tout.

SYPHILIS

POÈME

PAR BARTHÉLEMY.

———◆———

CHANT PREMIER.
—

LE MAL.

Syphilis! à ce nom, que saisi de scrupule,
Un vulgaire lecteur s'épouvante et recule,
Qu'il inflige à mon œuvre un pudibond mépris,
Qu'importe? je m'adresse à ces graves esprits
Dont l'œil philosophique embrasse pour domaine
Tout ce qui touche au sort de la nature humaine,
Ceux qui n'ont pas l'orgueil de croire au dessous d'eux
Ce que le monde appelle effrayant ou hideux,
Et qui, de l'ignorance affrontant l'anathême,
Sèment au champ public la vérité...... quand même!....
Ne vous y trompez pas; l'art que nous professons
N'a pas l'unique but de produire des sons,
Des riens harmonieux, d'éclatantes bluettes;
Au siècle où nous vivons, jugez mieux les poëtes:

Ils n'ont pas fait métier de folâtrer toujours
Sous des berceaux de fleurs qu'effeuillent les amours,
De suivre une Chloé fuyant dans la prairie :
A de plus nobles soins leur verve se marie ;
Ils pensent que, sans être ou cynique ou pervers,
Tout ce que dit la prose, on le fait dire au vers.
Du préjugé des mots ma muse indépendante
Dans un nouvel enfer veut imiter le Dante,
Et, fort d'un noble but, que l'œuvre plaise ou non,
J'entre dans mon sujet dont j'ai tracé le nom.

—

Mais, comment aborder l'histoire ou le poëme
D'un fléau qui, pour nous, est encore un problème,
Être indéfinissable, agent mystérieux,
Qui naquit, on ne sait en quels temps, en quels lieux (3 ?

Soit que ce mal impur, dès le berceau des âges,
Ait sur le genre humain promené ses ravages,
Et qu'il ait, sans relâche, asservi l'univers,
Sous différente forme et sous des noms divers,
Ou que, tel qu'un volcan qui brise son cratère,
Il ait par intervalle éclaté sur la terre ;
Soit qu'il ait pris son vol, depuis un temps moins long,
De ce monde inconnu que devina Colomb,
Et que, vengeant sur nous sa liberté mourante,
L'Amérique ait conquis l'Europe conquérante ;

Sans chercher, en fouillant les siècles ténébreux,
S'il provient des Romains, des Grecs ou des Hébreux,
S'il a franchi d'un bond les flots de l'Atlantique,
S'il est de sang moderne ou d'origine antique (4,
Sans juger, au hasard, sur des bruits incertains,
S'il est fils des Français ou des Napolitains (5;
Quel qu'il soit, en un mot, il faut le reconnaître,
Tout fléchit aujourd'hui sous ce terrible maître;
La terre est son domaine, et, depuis trois cents ans
Qu'il épanche sur nous ses horribles présents,
De la zône torride aux deux zônes polaires,
Peuples des continents, archipels d'insulaires,
Jusqu'en Océanie, en ces brumeux climats
Où Durville a montré la pointe de ses mâts,
Invisible et présent, comme l'air qu'on respire,
Ce grand empoisonneur tient tout sous son empire.
Nulle digue qui puisse arrêter ce torrent;
Il saisit, à la fois, le docte et l'ignorant (6,
Le riche en son hôtel, le pauvre en sa cabane,
L'impie et l'homme saint qu'abrite la soutane,
Le vieillard, l'enfant même, atteint souvent d'un mal
Dont il n'est pas lavé par le flot baptismal;
Et peut-être aujourd'hui, parmi l'espèce humaine,
Il n'est pas un seul homme, et dans l'homme une veine
Où, quoique bien souvent encore non révélé,
Le virus destructeur ne soit inoculé.
N'en cherchons pas ailleurs la cause originaire:
Si l'homme chaque jour décroît et dégénère,

Si le moule sublime où Dieu l'avait jeté
Pour en sortir tout plein de force et de beauté,
Multiplie aujourd'hui tant de formes grossières,
Tant de contrefaçons des épreuves premières,
C'est que, depuis Adam, des éléments pourris
Se sont joints au limon dont nous fûmes pétris.
Quelquefois, en touchant ces armures massives
Que les vieux arsenaux conservent pour archives,
Masses-d'armes, brassarts, cuirasses, boucliers,
Que portaient autrefois nos aïeux chevaliers,
Nous sommes étonnés de ce harnais de guerre
Qu'à peine notre bras peut soulever de terre,
Et nous nous demandons si, chez l'homme d'alors,
La taille était plus haute et les muscles plus forts;
N'en doutons-pas : leurs fils, triste progéniture,
Ont déchu, par degrés, de force et de stature,
Et toujours, d'âge en âge, ils iront décroissant,
Grace au germe de mort infiltré dans leur sang.
De là vient cette race infirme, abâtardie,
Ce peuple d'avortons qu'attend l'orthopédie (7;
De là ces jeunes gens déjà cadavéreux,
A la poitrine étroite, au front pâle, à l'œil creux,
Qui pensent rehausser leur type ridicule
En encadrant leurs traits d'une barbe d'Hercule (8;
De là ces jeunes fleurs, ces vierges de seize ans,
Précoces réservoirs de mille maux cuisants,
Qu'on voit avec langueur se pencher sur leurs tiges,
En proie aux pamoisons, aux vapeurs, aux vertiges;

Complices innocents que l'hymen doit unir
Pour léguer des douleurs à la race à venir !

Est-il vrai que ce mal, autrefois si vorace,
Avec moins de fureur sévit sur notre race (9 ?
Que son terrible empire, usé dans son ressort,
En devenant plus vaste, est devenu moins fort ?
Comme un torrent qu'on voit précipiter ses ondes
Quand il est resserré dans ses rives profondes,
Se calme tout à coup, et semble avoir un frein
Dès qu'il étend ses eaux sur un large terrain ?
Oui, sans doute, le monstre, assouvi de pâture,
Semble avoir adouci son atroce nature,
Avec nous, d'âge en âge, il s'est civilisé ;
Si, lorsque par l'enfer il fut improvisé,
Cette effroyable énigme étonna la science,
Le savoir, à son tour, fils de l'expérience,
Opposant au fléau d'énergiques secours,
Tempéra ses rigueurs et dirigea son cours ;
Et si, quand il parut, usurpateur immonde,
Il allait conquérant et décimant le monde,
Désormais, répandant moins de deuil et d'effroi,
Il règne plus paisible, en légitime roi.
Les temps sont loin de nous où, dans les cimetières,
S'engloutissaient d'un coup des peuplades entières,
Où des infortunés, en proie à leurs tourments,
Foudroyés par l'Église et par les parlements,

Expulsés des cités, des temples, des hospices,
Errants dans les forêts, au bord des précipices,
Parias vagabonds, troupeaux expatriés,
Couvraient les champs impurs de leurs os cariés.
Non, ces temps ne sont plus; notre âge philanthrope
Leur prodigue des soins qu'un mystère enveloppe;
Ils sont libres d'entrer aux lieux où nous allons :
Nos cercles roturiers, nos plus nobles salons,
Sont tous, à leur insu, peuplés de ces malades;
Chaque jour en suivant nos douces promenades,
Sans craindre leur contact, sans rebrousser chemin,
A ces pestiférés nous présentons la main;
Et les rois chevaliers, dans leurs ardeurs courtoises,
Peuvent mettre en leur lit des maîtresses bourgeoises,
Sans voir, sous leurs rideaux semés de fleurs de lys,
L'inévitable mort escortant Syphilis.

Pourtant ne croyez pas que l'impure furie
Soit rentrée aux enfers, sa première patrie,
Et que sans crainte on puisse affronter son courroux.
Quoique ceux qu'elle atteint de ses funestes coups,
Au sein des carrefours et des places publiques,
N'osent plus étaler leurs maux hyperboliques,
Qu'ils dérobent leur peste aux rayons du soleil;
Si vous voulez revoir dans tout leur appareil
Son cortège effrayant de hideux phénomènes,
Entrez dans ces égouts des misères humaines,

Dans ces grands lazarets où sur des lits ardents,
Se tordent des douleurs qui font grincer les dents (10.
Ah ! quelque préparé que soit votre courage,
Si de ces lieux maudits vous tentez le passage,
Quand, marchant pas à pas, de rideaux en rideaux (11 ,
Vous verrez tour à tour soulever ces bandeaux,
Ces linges purulents, ces flocons de charpie
Gonflés d'un sang noirâtre, et d'une humeur croupie ;
Quand vous verrez à nu, sur les os et la chair
Les empreintes du mal de la flamme et du fer ;
Croyez-moi, vos genoux fléchiront d'épouvante,
Vos yeux se terniront devant la mort vivante,
Vos sens bouleversés éprouveront encor
La poëtique horreur qu'exprimait Fracastor.
Oui, si vous voulez voir Syphilis en personne,
Entrez dans cet empire où tout mortel frissonne :
Là, comme dans la cuve où bouillonne le vin,
On entend fermenter son putride levain ;
Sur les frêles tissus qui couvrent les viscères
On voit naître la mort et ramper les ulcères.
Oh ! qui pourrait compter, sur tant d'êtres souffrants,
Tant d'indicibles maux alignés sur deux rangs !
L'ingénieux fléau, dans son fécond caprice,
Assigne à chaque membre un différent supplice :
Tantôt l'humeur visqueuse, épanchée au dehors,
D'une sordide écaille enveloppe le corps ;
D'autres fois, elle teint en couleur purpurine
Les épaules, les bras, les flancs et la poitrine.

Les uns, en gémissant, étendront sur leurs lits
Des os exfoliés, cassants ou ramollis ;
D'autres vous montreront ces ulcères vivaces
Qui gonflent des tumeurs ou percent des crevasses ;
Vous frémirez, surtout, en voyant leurs progrès
Sur l'informe appareil des organes secrets,
Déplorables débris, que recouvrent à peine
Quelques lambeaux de chair qu'oublia la gangrène,
Et qu'un homme, impassible à force d'être humain,
Sous le tranchant acier fera tomber demain.
Plus dignes de pitié, plus difformes encore,
Ceux qui, la face en proie au chancre carnivore,
Le miroir à la main, contemplent chaque jour
Leurs traits jadis si beaux qu'idolâtrait l'amour !
Que l'amour vienne donc contempler ces ruines :
Ces noires cavités en place des narines,
Ces lèvres que laboure un sulfureux sillon,
Cette langue épaissie en forme de bâillon,
Ce front illuminé de pustules grossières,
Ces paupières sans yeux et ces yeux sans paupières ;
Désespérants tableaux ! dont la réalité
S'imprime tellement dans l'œil épouvanté,
Que leur souvenir seul, leur image ternie,
En passant devant nous dans des nuits d'insomnie,
Leur simulacre en cire, ou leur pâle dessin,
Hérissent nos cheveux et glacent notre sein.

CHANT DEUXIÈME.

—

LE REMÈDE.

Faut-il donc blasphémer, par un reproche impie,
Contre le grand sculpteur dont l'homme est la copie !
A-t-il donné le souffle au triste genre humain
Pour marcher à la mort par cet affreux chemin ?
N'a-t-il mis dans nos sens l'irrésistible envie,
L'impérieux besoin de propager la vie (12,
Que pour frapper de honte et de difformité
L'organe merveilleux de la fécondité ?
Non, Dieu ne serait pas. En venant sur la terre,
Quoique de mille maux l'homme soit tributaire,
Il est en même temps doué d'une raison,
D'un instinct qui lui fait trouver sa guérison ;
Non, l'art de soulager l'infirme créature
N'est pas un vil trafic fondé sur l'imposture ;
Chaque jour, en voyant le formidable essaim
Des maux que Syphilis déroule au médecin,
En face de la mort à moitié satisfaite,
L'homme de la science, intelligent prophète,
Sans craindre un démenti, d'un ton d'autorité,
A jour fixe et précis assigne la santé ;

Et ce jour, le malade, affranchi de souillure,
Se lève et prend son lit, comme dans l'Écriture :
Miracles du savoir, si soudains et si beaux,
Qu'il semble dire aux morts : sortez de vos tombeaux!
Mais cet art, trop souvent esclave d'un système,
Combat l'excès du mal par un remède extrême,
Et, du métal liquide adorateur fervent,
L'infuse dans le corps qu'il tue, en le sauvant (13.
Malheur à qui réclame un tel auxiliaire !
Des feux de Syphilis, vengeur incendiaire,
Son dévorant poison, une fois introduit,
Deviendra plus mortel que le poison détruit;
Tyran plus absolu que celui qu'il remplace,
Il enracinera son empire tenace
Dans la chair, dans le sang, dans les os du martyr,
Et nul pouvoir humain ne l'en fera sortir.
En vain dans le creuset de la noire chimie
On mitige avec soin sa substance ennemie,
En vain, vous le changez pour tromper le soupçon,
En poussière impalpable, en limpide boisson,
Quel que soit le mortier où votre art le triture
Le rebelle métal conserve sa nature,
Et bientôt, dépouillé de son masque changeant,
Reprend sa forme crue et coule en vif argent (14.
On dit que, bien longtemps même après l'existence
De ceux qu'empoisonna l'hypocrite substance,
Ses globules subtils qu'ils crurent expulsés
Étincellent encor dans leurs os crevassés;

On dit même qu'au jour où des fureurs profanes
Du pieux Saint-Denis fouillèrent les arcanes,
Et sur le vil pavé jetèrent en monceaux
Tous ces rois dont la mort avait fait ses vassaux,
A travers ces débris, dans cette immense foule
De tant d'augustes fronts qu'oignit la sainte ampoule,
On reconnut celui du premier des François,
Au mercure liquide errant dans ses parois.
C'est donc en vain qu'on cherche à douter de son être ;
Tôt ou tard, à coup sûr, il se fera connaître :
Alors, soit qu'au virus il ait donné la mort,
Soit que ce vieux rival résiste dans son fort (15,
Soit que, ligués tous deux par un pacte unanime,
Et concourant ensemble à ronger leur victime,
Dans ce chantier putride ils travaillent de front,
Alors, contre les maux qui vous tourmenteront
La nature ni l'art n'offriront aucun aide ;
Au remède du mal il n'est plus de remède.
Puisse-t-il, circonscrit à des points limités,
N'atteindre que le buste et les extrémités !
Car, si vers les hauts lieux se frayant une route,
Du spongieux palais il assiégeait la voûte ;
Il irait, à travers cette frêle cloison,
Jusque dans le cerveau détrôner la raison.
Cette scène manquait à mon lugubre drame,
La voilà ! maintenant, vous, dont la voix proclame
Ce puissant bienfaiteur que nous devons bénir,
En face d'Esquirol osez-le soutenir ;

Ses accablants témoins sont prêts à comparaître.
Interrogez encor Charenton et Bicêtre (16 ;
De leurs hôtes hideux qu'y reçoit la pitié
Vos malheureux clients font la grande moitié :
Tous ces êtres tombés au dessous de la brute ,
Ces forcenés , mordant les barreaux de leur hutte ,
Ces idiots hagards , aux visages flétris ,
Tous ces hommes souffrants , sont des hommes guéris.

—

Et devant ces tableaux le préjugé s'obstine
A cheminer encor dans la vieille routine !
Et pour l'homme de l'art , ce qu'ont accrédité
Trois longs siècles d'erreurs , passe pour vérité !
Ah ! c'est rendre au mensonge un tribut volontaire !
Qu'au temps où ce fléau débuta sur la terre ,
Le peuple ait eu recours à des remèdes vains ,
Aux secrets impuissants des prêtres , des devins ,
Que le médecin même , à cette époque obscure ,
De la science arabe ait reçu le mercure ,
L'erreur est excusable et peut se concevoir ;
Mais lorsque trois cents ans ont mûri le savoir,
Vivre comme étranger à notre nouvelle ère,
Fermer ainsi les yeux au jour qui nous éclaire ,
Dans un bourbeux sentier s'enfoncer pas à pas ,
Cette homicide erreur ne se pardonne pas ;
Non ; puisque de la Foi la lumière est surgie
Sur les autels brisés de la mythologie ,

Il est honteux de voir qu'un de ses dieux menteurs
Trouve encore aujourd'hui d'aveugles sectateurs ;
Le culte de Mercure est un culte idolâtre (17.
La nature n'est point une injuste marâtre,
Celle qui fait connaître aux grossiers animaux
Des spécifiques sûrs qui soulagent leurs maux,
Qui conduit leur instinct jusqu'au pied d'une plante,
Pour son plus beau chef-d'œuvre est non moins vigilante ;
Gardons-nous d'en douter ; pour prolonger nos jours
Elle ne soustrait pas ses généreux secours,
Elle n'enfouit point dans l'empire des Gnômes
Ses féconds élixirs, ses parfums et ses baumes ;
De ses filtres, placés au sein de chaque fleur,
Sort un électuaire offert à la douleur ;
Bien loin de renfermer dans un laboratoire
L'appareil ténébreux d'un art divinatoire,
Elle étale au soleil et met sous notre main
Sa grande pharmacie ouverte au genre humain ;
Et tandis que la terre abondante nourrice
Montre ses végétaux, afin qu'il se guérisse,
Elle cache avec soin, dans un gouffre profond,
Le fer qui le détruit et l'or qui le corrompt.
Ah ! ne repoussons pas une douce espérance !
La vérité commence à luire sur la France (18,
Ses apôtres nouveaux, un jour mieux écoutés,
Dans les sages esprits porteront leurs clartés ;
Mais ce grand avenir est bien lointain encore :
Avant que le soleil remplace cette aurore,

Avant que la raison, si lente à concevoir,
Intronise, partout, le lumineux savoir,
Que, cessant de lutter contre sa décadence,
L'erreur sente ses yeux brûlés par l'évidence,
Et prononce, à la fin, par un sublime effort,
Ces mots, si durs pour elle à prononcer, J'AI TORT;
Hélas! avant ce jour il faudra qu'on immole
Des générations à la gothique idôle;
Il faudra contempler des amis, des parents,
Qui, sans porter du mal les signes apparents,
Sentiront, toutefois, leurs os et leurs entrailles,
Agacés et mordus par de sourdes tenailles;
Qui, nuit et jour crispés par des spasmes nerveux,
Inclinant vers le sol leurs têtes sans cheveux,
Accablés sous le spleen, souffrance britannique
Que ne peut alléger la savante clinique,
Par un rude calvaire, en vain semé de fleurs,
Traîneront au tombeau leurs chroniques douleurs.

Heureux celui qui, grace à sa raison perdue,
De son propre désastre ignore l'étendue!
Heureux encor celui dont la simplicité
Méconnaît le venin dont il est infecté!
Son médecin, fertile en douces impostures,
Par des causes sans nom explique ses tortures,
Et, vivant chaque jour dans l'espoir de guérir,
Il meurt, sans soupçonner ce qui le fait mourir.

Mais, des infortunés l'homme le plus à plaindre,
C'est celui qui ne peut à lui-même se feindre
L'irrévocable arrêt qui prescrit son trépas,
L'intime destructeur qui ne le quitte pas :
Qui pense, qui raisonne et froidement s'explique
Le terrible secret de son sang métallique,
Et sait qu'il est trop tard pour invoquer l'appui
D'un système sauveur qu'il repoussa de lui (19.
Jusques au dénoûment suivons ce personnage :
Riche, plein de science, à la fleur de son âge,
Il possède une femme ardente pour l'amour,
Un gracieux enfant qui grandit chaque jour ;
O supplice ! jamais la nuit avec mystère,
Il ne trouble sa femme en son lit solitaire,
Il voit, en frémissant, jouer dans sa maison
Ce fils qui doit avoir ses biens..... et son poison.
Les arts décolorés n'ont plus rien qui le touche :
Un sourire glacé ride à peine sa bouche,
S'il entend par hasard louer à haute voix
Les tableaux ou les vers qu'il faisait autrefois ;
Paraît-il au milieu de folâtres convives ?
Lui seul, le front plombé, les prunelles pensives,
Insensible aux douceurs d'un fraternel accueil,
Reste, comme Banquo, muet dans son fauteuil ;
Tout ce que peut la mode inventer de caprices,
Les chevaux de pur sang, les bronzes, les actrices,
Devant ses yeux vitrés passent sans l'émouvoir.
Un jour son médecin, las d'user son savoir,

Pour rompre la torpeur de sa mélancolie,
Lui conseille un voyage en Suisse, en Italie :
Il part donc ; mais hélas ! sans que son pauvre sein
Eprouve le bienfait d'un air suave et sain ,
Sans rien voir, sans songer à rien qu'à sa souffrance ,
Muré dans sa calèche, il traverse la France,
Il fuit, en enviant, malgré ses durs travaux ,
Le sort du postillon qui fouette ses chevaux,
Le sort du colporteur qui, chassé par sa roue,
Se traîne à pied, couvert de poussière et de boue ;
Le sort du mendiant qui, sur le grand chemin,
Bourdonne à sa portière en lui tendant la main.
Il se flatte parfois qu'il est en d'autres villes
Des secours plus puissants, des docteurs plus habiles ,
Que pour rendre la vie, un art particulier
A défaut de Paris, se trouve à Montpellier ;
Vain espoir ! quel que soit le docteur qu'il consulte ,
Recette brèvetée ou panacée occulte ,
Rien ne peut ranimer son corps qui se dissout ,
L'oracle d'Epidaure est le même partout.
Cependant de la Suisse il aborde les cîmes ,
Non pour envisager leurs merveilles sublimes,
Pour avoir le plaisir d'imprimer son orteil
Sur des pitons brillants de neige et de soleil ,
Pour marcher sur des lacs dont l'onde est condensée,
Pour exalter son ame et grandir sa pensée,
Mais pour trouver un peu de souffle et de repos
Dans l'étable salubre où dorment les troupeaux.

De là, toujours plongé dans son deuil taciturne,
Il repart, il atteint la terre de Saturne;
Il passe tour à tour, en son rapide élan,
Du lion de Saint-Marc au dôme de Milan;
Il voyage, sans joie, où le hasard le pousse;
Puis, cherchant du midi l'influence plus douce,
Il voit Pise et Florence, et la ville aux sept monts,
Et Naples qui devait rafraîchir ses poumons.
Hélas! ni le chalet du pasteur helvétique,
Ni le soleil qui luit sur l'Italie antique,
Pas plus que sa patrie, et que l'art du savant,
N'ont pu ressusciter ce cadavre vivant!
A peine a-t-il le temps d'arriver en litière
Sur le sol paternel qu'il veut pour cimetière :
Là, désormais, rebelle à des soins superflus,
Étendu sur un lit qu'il ne quittera plus (20,
Pour dernière pensée, il voue à l'anathème,
Il maudit mille fois plus que le mal lui-même
L'incurable remède à ses maux ordonné,
Et dit en expirant : Je meurs empoisonné.

NOTES

DU DOCTEUR GIRAUDEAU DE SAINT-CERVAIS.

—

NOTE 1).

—

Hieromini Fracastorii syphilis.

Facastor ayant fourni à Mons Barthelemy l'idée de son nouveau Poème, j'ai pensé qu'une Notice biographique sur cet auteur latin serait bien placée à la suite d'une œuvre dont il avait inspiré le sujet.

Fracastor naquit à Vérone en 1483 ; philosophe, médecin et poète distingué, il a laissé dans ces diverses carrières des monuments de son génie. Il dédia son poème de la syphilis au cardinal Bembo, secrétaire et ami particulier de Léon X, et, malgré la scabreuse délicatesse du sujet et la difficulté de le traiter en vers harmonieux, élégants et corrects, cet ouvrage a toujours fait les délices de ceux qui aiment à retrouver Virgile dans ses imitateurs.

Quand parut Fracastor, l'Europe entière était encore dans les ténèbres de 'ignorance et la barbarie du moyen-âge. Pour l'Italie seule avait commencé .'ère de la renaissance ; depuis le siècle d'Auguste, aucune époque ne fut plus favorable au développement de l'esprit humain : les croisades avaient ébranlé le monde, l'imprimerie naissait, Colomb découvrait l'Amérique, Charles-Quint, François Ier et Luther occupaient toute l'Europe de leurs luttes politiques et religieuses, et l'éclat de nos conquêtes en Italie n'était effacé que par le pontificat brillant de **Léon de Médicis**, qui eut la gloire d'imposer son nom au siècle où il vécut.

Malgré ces grands évènements, l'Europe entière fut frappée d'épouvante par l'apparition, en 1493, d'une maladie qui, plus contagieuse que la peste, se propageait sans contact, et, semblable au choléra de nos jours, voyageait avec les vents et portait partout la désolation et la mort; c'était la syphilis. Ce fléau pestilentiel parut alors sans cause connue; on ferma les églises pour empêcher les réunions qui le propageaient; on fit des prières publiques, et **Fracastor** fut obligé d'en expliquer l'origine par une fable poétique, et par les mystères de l'astrologie judiciaire qui était alors en grande vénération. Comme il est curieux de comparer les symptômes de la syphilis actuelle avec ceux qu'elle présentait en Italie, il y a plus de 300 ans, et pour faire ressortir la pureté du style de **Fracastor**, on me permettra de reproduire ici un passage de son poème déjà cité dans plusieurs journaux de médecine et de littérature : c'est un des morceaux que M. **Barthélemy** a voulu d'abord traduire comme pour essayer ses forces, avant d'aborder lui-même cette matière en qualité d'auteur original.

HIERONIMI FRACASTORII

SYPHILIS.

SIVE MORBUS GALLICUS ANNO 1520.

LIBRI I. FRAGMENTUM.

In primis mirum illud erat, quod labe receptâ,
Sæpè tamen quater ipsa suum compleverat orbem
Luna priùs, quàm signa satis manifesta darentur
Scilicet extemplo non sese prodit apertè,
Ut semel est excepta intùs, sed tempore certo
Delitet, et sensim vires per pabula captat.
Intereà tamen insolito torpore gravati,
Spontèque languentes animis et munera obibant
Ægriùs et toto segnes se corpore agebant.
Ille etiam suus ex oculis vigor, et suus ore
Dejectus color haud lætà de fronte cadebat.
Paulatim caries fœdis enata pudendis

DE LA SYPHILIS.

FRAGMENT DU POËME DE FRACASTOR

TRADUIT

PAR BARTHÉLEMY.

CHANT I.

Chose étrange! ce mal, introduit dans le corps,
Parfois avec lenteur se trahit au dehors,
Et souvent, sans qu'il donne un signe manifeste,
La lune, quatre fois, forme son plein céleste :
Il se cache, il hésite, il couve sourdement,
Et semble en notre sein prendre son aliment.
Cependant le malade, en proie à ses atteintes,
Sous un poids inconnu sent ses forces éteintes :
Une torpeur de plomb s'appesantit sur lui,
Aux travaux journaliers il vaque avec ennui ;
Les symptômes fâcheux ne tardent pas d'éclore :
L'œil perd de son éclat, le front se décolore,
La hideuse carie, étendant ses progrès,
Porte sa lime sourde aux organes secrets,

Hinc atque hinc invicta locos, aut inguen edebat :

Tum manifesta magis vitii se prodere signa,

Nam, simul ac puræ fugiens lux alma diei

Cesserat, et noctis tristes induxerat umbras,

Innatusque calor noctu petere intima suetus

Liquerat extremum corpus, nec membra fovebat

Obsita mole pigrâ humorum, tum vellier artus,

Brachiaque, scapulæque gravi suræque dolore.

Quippe, ubi per cunctas ierant contagia venas,

Humoresque ipsos, et nutrimenta futura

Polluerant, natura malum secernere sueta

Infectam partem pellebat corpore ab omni

Exteriùs : verùm crasso quia corpore tarda

Hæc erat, et lentore tenax, multa inter eundum,

Hærebat membris exanguibus, atque lacertis,

Indè graves debat articulis extenta dolores.

Parte tamen leviore, magisque erumpere nata,

Summa cutis pulsa, et membrorum extrema petebat.

Protinùs informes totum per corpus achores,

Rumpebant, faciemque horrendam, et pectora fœdè

Turpabant : species morbi nova : pustula summæ

Glandis ad effigiem, et pituitâ marcida pingui :

Tempore quæ multo non post adaperta dehiscens,

Mucosâ multum sanie, taboque fluebat.

Quin etiam erodens altè, et se funditùs abdens

Corpora pascebat miserè : nam sæpiùs ipsi

Carne suâ exutos artus, squallentiaque ossa

Ronge les lieux voisins et s'étend jusqu'aux aines.
Le mal n'est plus douteux, ses marques sont certaines ;
Car, sitôt que du jour la sereine clarté
Cède à l'ombre du soir l'horizon attristé,
La chaleur naturelle, ainsi qu'elle a coutume,
Se réfugie au cœur où son foyer s'allume,
Fuit les extrémités, et, ne dissolvant plus
L'épaisse humeur figée à ses membres perclus,
Elle abandonne, en proie à des douleurs cuisantes
Les épaules, les bras, et les jambes pesantes.
Et comme le virus, sans relâche agissant,
A travers chaque veine infiltré dans le sang,
A déjà corrompu de ses gouttes fatales
La masse des humeurs et les sources vitales,
L'instinct de la nature, intelligent et sûr,
Rebelle, par essence, à rien souffrir d'impur,
Tend à chasser du corps, et pousse à sa surface
Du putride levain la matière tenace ;
Mais, comme elle est épaisse et circule à flots lourds,
Dans les extrémités elle fixe son cours ;
Et, tandis qu'elle livre à d'horribles tortures
Les membres affaiblis et les froides jointures,
La plus subtile part de ce grossier poison
Arrive à l'épiderme et perce sa prison.
Le fléau prend alors ses plus noirs caractères :
La peau de toutes parts se diapre d'ulcères,
Le visage et le sein sont horribles à voir ;
De l'âcre et lourd fluide, immonde réservoir,
Sur le corps douloureux des pustules formées
Surgissent, sous l'aspect de glandes enflammées,
Qui bientôt, entr'ouvrant leur cratère repu,
Jettent un pus visqueux teint d'un sang corrompu.
En même temps le mal, qui sort par chaque pore,
S'enfonce et prend racine en ce corps qu'il dévore ;

Vidimus, et fœdo rora ora dehiscere hiatu,

Ora, atque exiles reddentia guttura voces.

Ut sæpè aut cerasis, aut phyllidis arbore tristi

Vidisti pinguem ex udis manere liquorem

Corticibus, mox in lentum durescere gummi,

Haud secùs hâc sub labe solet per corpora mucor

Diffluere : hinc demùm in turpem concrescere callum.

Undè aliquis ver ætatis, pulchramque juventam

Suspirans, et membra oculis deformia torvis

Prospiciens, fœdosque artus, turgentiaque ora,

Sæpè Deos, sæpè astra miser crudelia dixit.

Intereà dulces somnos, noctisque soporem

Omnia per terras animalia fessa trahebant :

Illis nulla quies aderat, sopor omnis in auras

Fugerat : iis oriens ingrata aurora rubebat :

Iis inimica dies, inimicaque noctis imago.

Nulla Ceres illos ; Bacchi non ulla juvabant

Munera : non dulces epulæ, non copia rerum ;

Non urbis, non ruris opes, non ulla voluptas,

Quamvis sæpè amnès nitidos, jucundaque Tempe ;

Et placidas summis quæsissent montibus auras.

Diis etiam sparsæque preces, incensaque templis

Thura, et divitibus decorata altaria donis :

Dii nullas audire preces, donisve moveri.

Effroyable tableau ! mes yeux ont vu souvent
Dans toute leur hideur plus d'un spectre vivant ;
Leurs os sont décharnés, des tumeurs corrosives
Ont dévasté leur bouche et gonflé leurs gencives,
Des sons durs et sifflants sortent de leur gosier.
De même que la sève au tronc d'un cerisier,
S'écoule goutte à goutte, et, quand l'air la condense,
De la gomme compacte acquiert la consistance ;
Ainsi l'humeur gluante, en arrêtant son flux,
Se durcit, se congèle et se change en callus.

   Que de fois un jeune homme en proie à ce ravage,
Songeant qu'il est encore à la fleur de son âge,
Et, ne retrouvant plus qu'un débris odieux,
Maudit amèrement les astres et les dieux !
Les plus vils animaux répandus sur la terre,
La nuit, peuvent goûter un repos salutaire ;
Pour lui seul plus de paix, de calme, de sommeil !
Ni l'aurore qui brille à l'orient vermeil,
Ni la clarté du jour, ni la nuit étoilée,
N'apportent quelque joie à son ame troublée ;
Pour Bacchus et Cérès ses désirs sont éteints ;
Que lui font l'abondance et ses larges festins,
Les plaisirs de la ville et ceux de la campagne ?
Il cherche en vain, pour fuir l'ennui qui l'accompagne,
Les bois, les clairs ruisseaux, l'air salubre des monts,
Rien ne peut rafraîchir ses arides poumons ;
Et, pour dernier espoir, si, courbé sur la pierre,
Vers les dieux protecteurs il lève la paupière,
S'il charge leurs autels de suaves parfums,
Le ciel proscrit ses vœux et ses dons importuns.

Cette description est si fidèle que l'auteur paraît être notre contemporain,
et l'illusion est encore plus complète lorsqu'on lit entièrement le poème. On
est étonné d'y rencontrer tout ce qu'il importe de savoir sur cette maladie, et
plus surpris encore en voyant le peu de progrès que l'esprit humain a fait en
médecine, depuis trois siècles, sur un sujet qui intéresse au plus haut degré
l'espèce humaine; car, aujourd'hui comme alors, on disserte vaguement
sur l'origine, la transmission et le traitement de cette affection. Le poète
contemporain d'Améric Vespuce et de Christophe Colomb réfute en ces
termes l'importation américaine :

« At vero, si ritè fidem observata merentur,
Non ità censendum : nec certè credere par est
Esse peregrinam nobis, transque æquora vectam
Contagem : quoniàm in primis ostendere multos
Possumus, attactu qui nullius hanc tamen ipsam
Sponte suâ sensêre luem, primique tulêre,
Prætereà et tantum terrarum tempore parvo
Contages non una simul potuisset obire. »

« Non, il faut plutôt croire que cette maladie n'a pas passé les mers et
» qu'elle n'est pas étrangère dans nos climats; s'il est vrai que des observa-
» tions faites avec soin méritent toute notre confiance, nous pourrions indi-
» quer plusieurs malades attaqués de cette contagion sans avoir communiqué
» avec personne, et sans l'avoir puisée dans le sein du plaisir. D'ailleurs,
» est-il possible que, dans un si court espace de temps, ce mal ait pu se répandre
» par contact pour frapper à la fois tant de régions différentes. » Il y a plus d'un
siècle que Astruc, voyant que la maladie s'était graduellement affaiblie,
avait annoncé qu'avant cent ans elle s'anéantirait tout à fait. Sa prophétie
ne s'est pas réalisée, et Fracastor avait émis une opinion bien plus philosophique sur sa force et sa durée dans les vers suivants :

Namque iterùm, cum fata dabunt, labentibus annis
Tempus erit, cum nocte atrâ sopita jacebit
Interitu data : mox iterùm post sæcula longa
Illa eadem exurget, cœlumque, aurasque reviset
Atque iterùm ventura illam mirabitur ætas.

« Un temps viendra, dans le lointain des âges, où ce fléau s'anéantira tout

» à fait, enveloppé dans les ténèbres d'une nuit profonde, et puis, après une
» longue série de siècles, il renaîtra de nouveau pour empoisonner encore et
» le ciel et les airs, et pour jeter l'épouvante dans les générations futures.

Fracastor énumère une longue liste de plantes et de fumigations diverses
qui guérissaient sans mercure, ou qu'on employait quand celui-ci avait
échoué ou que les malades ne pouvaient pas le supporter.

L'auteur nous peint les guérisons miraculeuses opérées par le gaïac qu'il
surnomme une *plante divine;* et s'il eût connu la squine, le sassafras et la
salsepareille, il en eût également célébré les effets incontestés. Quant au
régime, il est traité minutieusement; il conseille de fuir les femmes, de ne
manger d'aucun poisson; il recommande une diète sévère, la chasse, le la-
bourage, les exercices violents, et, par ces moyens, on voit souvent, dit-il,
la syphilis guérir sans médicament.

> Vidi ego sæpè malum qui jam sudoribus omne
> Finisset, sylvisque luem liquisset in altis.

Plus tard on révoqua en doute ces guérisons par la seule force médicatrice
de la nature, mais encore, sur ce point, les faits bien observés ont donné raison au poète qui était médecin aussi profond qu'écrivain distingué.

Outre ce poème, Fracastor a publié un grand nombre d'ouvrages parmi
lesquels nous citerons les suivants :

De sympathiâ et antipathiâ rerum, liber unus.
De contagionibus, morbisque contagiosis et eorum curatione, libri tres.
De causis dierum criticorum, libellus.
Naugerius; sive de poeticâ, dialogus.
Turrius; sive de intellectione, dialogus.
Fracastorius, sive de animâ, dialogus,
De vini temperaturâ. Sentenia.
Homocentricorum, sive de stellis, liber unus.
Josephi, libri duo emendati, poema inchoatum.
Alcon, sive de curâ canum venaticorum, ecloga.
Carminum variorum, liber unus.

Quelques critiques lui ont reproché, peut-être avec raison, ses théories d'astrologie judiciaire; mais il faut penser que c'est par complaisance pour son siècle, connaissant bien le cœur de l'homme et sachant qu'il est dans certains temps des préjugés auxquels il est difficile de ne pas sacrifier. Cette science, toute vaine et futile qu'elle est, lui procura une occasion éclatante de faire sa cour au pape.

En effet, plusieurs écrivains font mention que le pape Paul IV, n'étant pas en bonne intelligence avec l'empereur Charles V, crut qu'il lui serait avantageux de faire transférer, s'il était possible, dans une ville d'Italie, sujette au Saint-Siège, le concile qui se trouvait à Trente, en Allemagne. Il eut recours à Fracastor qui consulta les astres, et ne manqua pas d'y trouver les présages d'une maladie contagieuse et prochaine, précisément pour la ville de Trente. Les Pères, effrayés par cet augure funeste, vinrent s'assembler à Bologne, suivant le désir de sa Sainteté. Cette anecdote est peut-être une fable accommodée aux circonstances; car l'on sait que des auteurs aiment souvent à donner un air de roman à l'histoire, le mensonge ayant des charmes plus piquants que la simple vérité. Quoi qu'il en soit, il est sûr qu'on tint à Bologne la ixe session du concile le 21 avril de l'an 1547, et la xe au mois de juin suivant.

Fracastor fut l'ami de Sannazaar qui mettait son poème bien au dessus de celui qu'il avait publié vingt ans auparavant et qui avait pour titre : *De partu virginis*. Sur la fin de ses jours il se retira dans sa maison de campagne à Cafi, près du mont Baldo, et y mourut en 1553, âgé de 71 ans.

Le célèbre Jean-Baptiste Rhamusius, son admirateur et son ami, lui fit ériger une statue d'airain; et la ville de Vérone, sa patrie, consacra aussi, en 1559, la mémoire de cet illustre citoyen par une belle statue de marbre avec une inscription. Plusieurs poètes l'ont célébré dans leurs ouvrages; Jules César Scaliger fit en son honneur divers éloges funèbres sous le titre : *Arœ Fracastoreœ*, et voici l'inscription qui fut gravée sur le monument qu'on lui éleva :

Longè vir unus omnium doctissimus
Verona per quem non Marones Mantuæ
Nec nostra priscis invident jam saecula
Virtute summam, consecutus gloriam
Jam grandis ævo hic conditur Fracastorius.

Ad tristem acerbæ mortis ejus nuntium
Vicina flevit ora, flerunt ultimæ
Gentes perisse musicorum candidum
Florem, optimarum et lumen artium omnium.

NOTE 2).

—

SYPHILIS.

L'intention de l'annotateur n'est pas d'entamer ici une dissertation littéraire sur les avantages de la prose ou de la poésie, et d'établir la préémi-
nence d'une de ces formes de style au détriment de l'autre. D'ailleurs, ces
sortes de discussions ou de parallèles ne fixent jamais la question d'une manière précise et ne déterminent la conviction de personne; les prosateurs
seront toujours les partisans de la prose, et les poètes les apologistes du
vers. On peut avancer cependant, comme chose incontestable, qu'un privilège de la poésie, et surtout de la poésie française, ou, pour parler plus pro-
prement, du vers français, est de se graver plus facilement et profondément
dans la mémoire, à cause de la mesure et encore plus de la rime. Cette impression est sensible aussi bien sur les hommes instruits que sur le vulgaire
le plus étranger aux lettres et le plus ignorant. Il est presque superflu d'en
donner la preuve; nous entendons chaque jour des hommes dépourvus de
toute éducation et de toute étude, des hommes qui ne savent pas même lire,
citer textuellement et sans altération d'une syllabe, des vers entiers pris çà
et là dans nos poètes, tels que ceux-ci :

A vaincre sans péril on triomphe sans gloire.

Le crime fait la honte et non pas l'échafaud.

Le premier qui fut roi fut un soldat heureux.

La critique est aisée et l'art est difficile.

L'honneur est comme une île escarpée et sans bords,
Où l'on ne rentre plus dès qu'on en est dehors.

A peine nous sortions des portes de **Trézène**.

Et le songe a fini par un coup de tonnerre.

Il est avec le ciel des accommodements

Enfin des milliers d'autres qui formeraient un volume, et qui sortent à tout moment des mêmes bouches qui, hors de là, ont de la peine à prononcer un seul mot de français.

Oui le vers est la mnémonique de l'esprit; les vieilles ballades, les chansons, se transmettent d'âge en âge par simple tradition; il n'est personne qui ne puisse réciter de longs passages de Corneille, de Racine, de Boileau, de Voltaire, etc., etc., et qui ne serait embarrassé si on lui demandait une seule phrase de J.-J. Rousseau ou de Chateaubriand.

Comme preuve de cette influence de la poésie, nous puiserons dans le sujet de ce poème un nouvel argument destiné à faire triompher notre proposition.

Dans les premiers temps de l'apparition du fléau vénérien, les savants et même le peuple cherchèrent à désigner par un mot quelconque cette épouvantable affection. D'après l'opinion des médecins ou les contes populaires, on l'appelait à la fois ou successivement en latin, en français, en portugais : *Lues venerea, morbus veneris, morbus pustularum, pustulæ malæ, gale de Naples, mal français, mauvais mal, brigandine, gaillardise, mignonise, sorcellerie, diablerie, mal de Niort, las bubas de las Indias*, etc., etc. On la décorait d'appellations scientifiques ou grotesques, sérieuses ou plaisantes, sans qu'il fût possible de lui attacher un nom fixe, avoué et reconnu par la généralité des malades et des médecins. Au milieu de cette inextricable multitude d'expressions, parut un homme, mais un poète, qui se chargea de donner le baptême à cette *furie anonyme*. Ce poète était Fracastor; de sa propre autorité il la nomma *Syphilis*, nom qui reçut une consécration tellement universelle, que depuis lors jusqu'à nos jours et jusqu'à la fin des siècles, elle n'a changé et ne changera la dénomination de son poétique parrain.

NOTE 3).

Être indéfinissable, agent mystérieux,
Qui naquit on ne sait en quel temps, en quels lieux.

Chose digne de remarque! quatre grandes découvertes ou apparitions, salutaires ou fatales, signalèrent la fin du quinzième siècle et le commencement du seizième, savoir : le *Nouveau-Monde*, l'*Imprimerie*, la *Poudre à canon*, et la *Syphilis*. Eh bien ! ces quatre existences nouvelles naquirent enveloppées d'un tel mystère, que le doute et l'incertitude planent encore sur leur berceau. La découverte de l'Amérique est revendiquée par Vespucc et par Colomb, la poudre à canon et l'imprimerie sont attribuées à divers auteurs et divers pays, et la syphilis n'a pas même encore aujourd'hui une origine certaine.

D'où vient cette affection ? Est-ce une maladie nouvelle en Europe ?... Non, dit le docteur Lagneau, c'est une dégénérescence de la lèpre qui couvrait tous les pays chrétiens, dans les douzième et treizième siècles, puisque sous Louis VIII, en 1225, il y avait, d'après Mathieu Paris, dix-neuf mille hôpitaux destinés aux lépreux. Si l'on admettait cette explication hypothétique, la syphilis serait à la lèpre ce que le vaccin est à la petite-vérole, c'est à dire son antidote, et loin de la maudire on devrait la regarder comme un présent du ciel. D'après les lettres des missionnaires sur la Chine, cette maladie était connue depuis un temps immémorial chez les Indiens, et dès la plus haute antiquité les brames savaient la manière de la guérir. Pourquoi n'aurait-elle pas pris naissance dans ces contrées fécondes où toutes les traditions s'accordent à placer le berceau de la nature humaine, et pourquoi n'aurait-elle pas été répandue comme la petite-vérole, la peste, la fièvre jaune, le choléra, sur le reste de la terre par les mêmes hommes chez lesquels nous trouvons d'une manière si évidente l'origine de notre culte et de nos lois.

NOTE 4).

S'il a franchi d'un bond les flots de l'Atlantique,
S'il est de sang moderne ou d'origine antique.

L'opinion autrefois le plus généralement accréditée sur l'origine de la syphilis, est celle qui en attribuait l'importation en Europe à Christophe Colomb lors de son retour de l'Amérique, où les gens de son équipage l'avaient reçue, dit-on, des naturels du pays : ce qui fixerait à la fin du quinzième siècle l'époque où, pour la première fois, elle se serait manifestée sur le continent. Dans le siècle dernier, Astruc, après s'être livré à des recherches historiques fort étendues, publia sur la maladie syphilitique le meilleur traité qui eût paru jusqu'alors, et fit servir toute son érudition à soutenir l'origine américaine de la syphilis.

Cependant, cette opinion est loin d'être admise sans contestation : e

Lévitique, partie de la Bible qu'on attribue à Moïse, parle d'une maladie contagieuse dont les suites devaient avoir beaucoup de gravité, si on en juge par les précautions hygiéniques qui furent recommandées à ce sujet par le législateur hébreu, au chapitre xv du *Lévitique*, ainsi qu'il suit :

« Vir qui patitur fluxum seminis immundus erit... qui tetigerit carnem ejus lavabit vestimenta sua : et ipse totus immundus erit usque ad vesperum...

» Si salivam hujuscemodi homo jecerit super eum qui mundus est lavabit vestimenta sua : et lotus aquæ immundus erit usque ad vesperum... »

« Omnis quem tetigerit, qui talis est, non lotis ante manibus, lavabit vestimenta sua : et lotus aquæ immundus erit usque ad vesperum... »

« Docebitis ergo filios Israël ut caveant immunditione, et non moriantur in sordibus suis. »

Juvénal et Martial ont exposé aux traits de la satire les symptômes qui succèdent à un commerce impur et qui sont désignés par les noms de : «Marisca, ficus, ulcus acre, pustulæ lucentes, sordidi lichenes.

» Cæduntur tumidæ medico ridente *Mariscœ*. (Juv.)

» Dicemus ficus, quos scimus in arbore nasci ;
  » Dicemus ficos, cœciliane tuos. (*Mart.* epig. 71.)

» Ficosa est uxor, ficosus et ipse maritus
  » Filia ficosa est, et genere atque nepos
» Cum sint ficosi pariter juvenesque senesque
  » Res mira est. Ficos non habet unus ager. (*Epig.* 99.) »

Au temps de la plus grande dépravation des Romains, où la débauche intronisée se montrait sous la pourpre impériale, et où il était permis de dire, en parlant de la plupart des maîtres du monde, ce qu'on avait dit de César, qu'il était le mari de toutes les femmes et la femme de tous les maris, Juvénal s'exprimait ainsi :

« . . . . ; Quis enim non vicus abundat
» Tristibus obscœnis? . . . .
» . . . . . hispo subit juvenes et morbo pallet utroque. »

Perse dit, en parlant des passions de l'homme :

« . . . . Hunc alea, decoquit, ille
In venerem *putret*. . . . . . . »

Putret !..... Comment expliquer cette expression, sinon par les ravages physiques, par la putréfaction?

A toutes les époques et en tous lieux on a observé les accidents contagieux que peut occasionner la débauche : Paul d'Ægine, Lanfranc, Guy de Chauliac, Becket, ont décrit, avant le quinzième siècle, la plupart des symptômes de cette maladie, en les désignant positivement comme les effets des plaisirs recherchés dans les bras d'une femme impure. « *Propter decubitum muliere fœdâ.* »

Un témoignage non moins irrécusable de l'existence de la maladie syphilitique à des époques bien antérieures à la découverte du Nouveau-Monde, résulte principalement des ordonnances concernant les mauvais lieux.

Il existe en Angleterre des statuts qui, dès le onzième siècle, condamnaient à une forte amende « tout concierge qui tiendrait chez lui des femmes qui auraient la maladie de la brûlure. »

Une autre ordonnance rendue en 1347 par la reine Jeanne Ire, concernant les lieux publics d'Avignon, s'exprime ainsi : « La reine veut que, tous les samedis, la baillive, et un chirurgien préposé par les consuls, visitent chaque courtisane, et, s'il s'en trouve quelqu'une qui ait contracté du mal provenant de paillardise, qu'elle soit séparée des autres afin qu'elle ne puisse pas s'abandonner et qu'on évite le mal que la jeunesse pourrait prendre. »

NOTE 5).

Sans juger au hasard, sur des bruits incertains
S'il est fils des Français ou des Napolitains.

Jadis les villes de la Grèce se disputèrent la naissance d'Homère, et aucune ne put l'établir par des preuves irrécusables. Il en est de même, mais en sens inverse, pour la syphilis; quand on consulte avec impartialité les divers auteurs, on voit que c'est à tort que les peuples se sont accusés mutuellement d'avoir hérité les uns des autres de cette horrible maladie, car elle a suivi la même marche que tous les fléaux qui sont venus décimer le monde; et si un peintre, sous une figure allégorique, la représentait, on pourrait mettre au bas ces vers de Scaliger :

India me novit, jucunda Neapolis ornat,
    Bœtica concelebrat, Gallia mundus alit.
Vos Itali, Hispani, Galli, vos orbis alumni
    Deprecor; ergo mihi dicite quæ patria.

NOTE 6).

Nulle digue qui puisse arrêter ce torrent :
Il saisit à la fois le docte et l'ignorant.

Pintor dit qu'il a guéri de *lue venereâ* le cardinal de Ségovie, le chanoine Ceutez et le pape Alexandre VI. Dans le seizième siècle, François Ier, disent Bayle et Mézeray, prit cette maladie de la femme d'un marchand de fer, et en mourut après avoir longtemps souffert. Quelques historiens ayant écrit que Louis XV mourut de la petite vérole, Fontenelle répondit qu'ils étaient bien *modestes*.

Charles IX, de trop célèbre mémoire, eut une excroissance dans l'urètre dont il fut guéri par Ambroise Paré, son médecin, qui, pour récompense, échappa quoique protestant aux massacres de la Saint-Barthelemy. Comme le roi trouvait que la cure était bien lente, Ambroise Paré lui fit cette réponse si connue : « *Je te soygne, et Dieu seul te guaryra.* »

Cette maladie s'est assise sur beaucoup de trônes : Henri III, revenant de Pologne en France, après la mort de son frère Charles IX, gagna cette maladie avec une courtisane de Venise ; Charles de Lorraine, duc de Mayenne, chef des ligueurs contre Henri IV, en fut atteint ; pareil accident arriva à Charles-Quint qui s'en guérit par le suc des plantes, disent ses médecins André Vézale et Gabriel Fallope.

NOTE 7).

De là vient cette race infirme, abâtardie ;
Ce peuple d'avortons qu'attend l'orthopédie.

Jamais la dégénération de l'espèce humaine ne s'était montrée sous des formes aussi hideuses que de nos jours ; c'est un crétinisme universel, et c'est en vain que la législature espère y remédier en faisant une loi sur le travail des enfants dans les manufactures. Les jeunes gens que sous l'empire l'on enrôlait à dix-huit ans étaient déjà forts et vigoureux ; maintenant on ne les prend que deux ans plus tard, et c'est à peine si l'on peut trouver des hommes ayant la taille exigée pour les corps spéciaux ; et, quand une recrue de haute stature est désignée par le sort, il faut payer le double pour la faire remplacer. Que l'on examine les élèves des collèges, ceux des écoles de droit et de médecine, et partout on y verra des jeunes gens d'une constitution chétive et misérable. Aussi de toutes parts s'élèvent des fabriques de corsets hygiéniquement rembourrés et de grands établissements orthopédiques à l'instar de ceux de Chaillot et du château de la Muette, où des milliers d'individus viennent se faire redresser.

NOTE 8).

Qui pensent rehausser leur type ridicule ,
En encadrant leurs traits d'une barbe d'Hercule.

C'est encore un préjugé de regarder la barbe comme un signe infaillible de force musculaire et de puissance génératrice ; cet indice est souvent trompeur ; il n'est que la marque certaine de la différence des sexes ou de la transition d'un âge à l'autre chez l'homme, de l'enfance à la puberté. Nos jeunes gens ne semblent pas partager cette opinion, car chez aucun peuple ancien ou moderne, et à aucune époque de notre histoire, la barbe n'a été l'objet d'un culte plus religieux qu'aujourd'hui ; il n'est sorte de forme ou de dessin qu'ils ne lui donnent ; aux favoris classiques de l'empire ont succédé la moustache, les mouches, les barbes circulaires, les barbes philosophiques, les barbes moyen-âge, à la Charles IX, à la François Ier, à la Henri IV. Jamais cet ornement ou embarras du visage n'a reçu plus de variations, jamais culture n'a mieux fructifié. A peine au sortir du collège, et au collège même, on se hâte de provoquer par tous les moyens possibles cette sécrétion quelquefois paresseuse ; on met en coupe réglée ses lèvres, ses joues et son menton, et cette taille perpétuelle d'un duvet presque féminin arrosé encore par des lotions savonneuses, ou par l'engrais de diverses préparations, active merveilleusement la pousse de cette végétation animale, et parvient enfin, avant l'âge et contre nature, à créer sur des adolescents une moisson sauvage et plantureuse qui dérange nécessairement l'harmonie de la face.

C'est pour cette raison surtout que nous contestons la force réelle à tout individu paré de cette exubérance de poils. La barbe atteste sans doute dans l'homme la vigueur et la faculté de reproduction, mais il faut bien distinguer la barbe naturelle de la barbe factice; celle-ci est facilement conquise par l'assiduité de la culture, même chez des sujets infirmes et mal constitués : on a remarqué que sa crue est plus rapide chez les personnes phthisiques, et l'on est tout surpris de voir ces épaisses forêts de poils couronner une étroite charpente supportée par deux jambes maigres et chancelantes ; tandis que les hommes de peine, les villageois, que le rasoir n'approche que le samedi, ne présentent que des barbes légères et mal fournies avec des membres fortement musclés et des poitrines larges de deux pieds.

On peut donc regarder ce qui décore la figure de la plupart de nos fashionables comme une fausse barbe. Bien loin d'être un témoignage de virilité et de puissance, elle ne tend au contraire qu'à ajouter encore à leur débilité naturelle, puisque l'élaboration continuelle et le développement de la substance portée forcément vers le système pileux, ne peut se faire que par une soustraction de cette même substance destinée à d'autres organes et détournée de l'ensemble de l'économie animale.

Cette observation s'applique surtout à l'époque de l'adolescence, où l'individu n'a pas pris encore son développement complet; il est évident qu'à cet âge ce détournement de molécules organiques au profit d'une superfluité, ne peut avoir lieu qu'au détriment de la nutrition applicable aux parties nécessaires, et non encore parfaitement conformées.

Nous croyons pouvoir affirmer que si quelques femmes brunes mettaient à l'éducation de leur barbe la même précocité, la même science et tenacité que nos jeunes gens, elles parviendraient probablement comme eux à conquérir cette formidable parure, et viendraient à bout d'effacer du Code des droits de l'homme ce principe consacré par Molière, que

Du côté de la barbe est la toute puissance.

Cette manie de visage hirsute et velu est vraiment une puérilité à laquelle il serait convenable et salutaire de renoncer. L'homme peut être vaillant à la guerre et en amours, ou, comme on disait autrefois, aux combats de Mars et de Vénus, sans étaler au visage ce bois taillis, acquis avec tant de peine. Les Goths et les Francs, nos ancêtres, ne portaient que la moustache ; les Romains coupèrent leur barbe vers l'an de Rome 454, dès qu'ils commencèrent à se civiliser, et quand P. Ticinius leur amena de Sicile une provision de barbiers; Alexandre-le-Grand fit raser ses Macédoniens, et Mehemet-Ali, à son exemple, vient d'imposer le même sacrifice aux officiers de sa garde nationale.

NOTE 9).

Ést–il vrai que ce mal, autrefois si vorace,
Avec moins de fureur sévit sur notre race ?

A la fin du quinzième siècle, cette maladie se montra sous des formes effroyables. La mort en était souvent la terminaison. Ne la considérant pas comme maladie nouvelle, les médecins contemporains en attribuèrent la cause à l'intempérie des saisons, à la crue des eaux, à la débauche qui allait toujours croissant; d'autres pensèrent que c'était une punition divine. Les astrologues du temps, qui étaient en grande vénération, en trouvèrent la cause dans la comète et dans la conjonction de certaines constellations.

A cette époque elle était contagieuse par l'air, l'haleine ou les vêtements. Hume rapporte que le cardinal Wolsey, premier ministre de Henri VIII, fut accusé à la chambre d'Angleterre d'avoir parlé bas à l'oreille du roi, sachant bien que lui, Wolsey, était infecté de cette maladie.

Dans l'opinion des auteurs les plus célèbres de tous les pays, le virus est toujours le même; mais, semblable aux effets de l'électricité, on en ressent plus ou moins l'influence, selon que les corps sont plus ou moins conducteurs; et si les mêmes règlements barbares, les mêmes préjugés, les mêmes traitements existaient, nul doute que cette maladie n'épouyantât encore la société tout entière; mais, heureusement pour l'humanité, on a découvert des armes puissantes contre cet ennemi redoutable. Aussi variés que le mal, les médicaments le suivent dans ses diverses transformations, le découvrent toujours sous les voiles les plus obscurs; et, suivant sa marche insidieuse, l'atteignent, l'enchaînent et le détruisent.

Ainsi, la bénignité de cette maladie doit être exclusivement attribuée dans nos pays civilisés non à la dégénérescence du virus, mais aux secours prompts que les malades y trouvent, au degré de perfection auquel on a porté le traitement de ces maladies, et surtout aux principes d'humanité qui s'y sont répandus, et qui ont heureusement succédé à la cruauté et superstition barbare des siècles précédents.

Les personnes de l'un et de l'autre sexe, moins esclaves des préjugés qu'autrefois, se présentent plus tôt pour être traitées, et le sont plus facilement par des gens de l'art plus instruits; et c'est pour cette raison que la maladie syphilitique, quoique plus répandue, est bien moins violente à Paris et à Londres que dans toute autre capitale de l'Europe.

NOTE 10).

Dans les grands lazarets où, sur des lits ardents,
Se tordent des douleurs qui font grincer les dents.

Les hôpitaux destinés au traitement des vénériens ne sont pas en rapport avec le nombre des malades, et encore aujourd'hui, on ne peut y être admis qu'avec le privilège d'une affection ayant beaucoup de gravité. Cependant Paris est la ville où ils trouvent le plus de secours; on les traite aux Capucins, au Val-de-Grace, à la Maison Royale de santé, à l'hôpital de l'Oursine, à Saint-Lazare et à l'hôpital Saint-Louis; en outre il y a des consultations et des distributions gratuites de médicaments aux indigents.

. En 1497, quand la syphilis sévissait avec tant de violence, le parlement se borna à chasser les malades, sous peine de *hart*. En 1535, on concéda 376 lits pour le traitement des teigneux, des épileptiques et des vénériens, et encore manquaient-ils de médicaments et de linge que l'Hôtel-Dieu leur refusa jusqu'en 1614. Cependant, conformément aux ordonnances, les vénériens furent régulièrement châtiés et fustigés jusqu'en 1787, avant et après leur traitement, et l'on est justement surpris de savoir que cette infame coutume s'est encore conservée dans nos régiments où la salle de police est infligée à tous les malades après leur traitement. En Orient, les soldats atteints de cette maladie étaient bâtonnés et mis au cachot, et Namich-Pacha seul a pu faire cesser cet horrible traitement en 1833. En 1730, il n'y avait que 400 lits qui leur fussent destinés; en 1784, M. de Breteuil, ministre de l'intérieur, visitant Bicêtre et la Salpétrière, *fut indigné du local horrible dans lequel ils étaient.* « En 1787, dit Cullerier, il n'y avait qu'un lit pour huit » malades, dans un local noir, tapissé de toute espèce de malpropreté; » les croisées étaient clouées et ne donnait jamais d'air, le carreau ne se » voyait plus, tant il était couvert de charpie, d'ordure, etc.; » et comme » on n'admettait que 50 hommes et 50 femmes au traitement qui durait

» deux mois, il s'en suivait que deux à trois cents malades restaient aban-
» donnés et attendaient leur tour de faveur pendant six mois ou un an. »

Ce ne fut qu'en 1792 que le sort de ces malheureux s'améliora par une dé-
cision de l'assemblée constituante, et, depuis ce temps, la mortalité, qui
était de un sur dix, n'est plus que de un sur quarante - sept, dit Pa-
rent-Duchâtelet.

NOTE 11).

Quand marchant pas à pas, de rideaux en rideaux,
Vous verrez tour à tour soulever ces bandeaux.

Les maladies syphilitiques se divisent en primitives et consécutives; ces
deux ordres sont bien distincts et admis par tous les syphilographes. On
donne le nom de symptômes primitifs à tout phénomène ou accident qui résulte de l'action immédiate ou locale du principe contagieux sur la partie
qui en reçoit l'impression ; les uns sont particuliers aux organes de la géné-
ration et résultent du rapprochement des sexes; les autres sont l'effet du
contact d'une partie saine avec une partie malade, soit qu'il s'agisse de symptômes acquis pendant l'accouchement, communiqués par l'allaitement, soit
enfin qu'ils soient dus au contact du principe contagieux par l'intermédiaire
d'un corps inerte.

Il n'y a que deux modes d'action dans les circonstances ordinaires, l'inflammation de la muqueuse et son *ulcération*; la première donne lieu aux écoulements, la seconde aux divers genres d'ulcération. Les autres phénomènes
qui en dépendent sont secondaires ou consécutifs. Cependant il arrive quelquefois que l'on observe une infection générale sans avoir pu observer
aucune trace de maladie locale.

Les maladies syphilitiques primitives se développent et s'épuisent ordinairement dans la région qui en est le siège, tandis que celles qu'on appelle
secondaires ou consécutives réagissent toujours sur l'organisme, et le dispo-
sent à éprouver tous les accidents qui peuvent résulter de la syphilis.

Dans la description des affections constitutionnelles ou invétérées, on doit
suivre la division adoptée par M. Jourdan , et pour rapprocher sous le même
coup d'œil l'ensemble des accidents que peut produire cette affection, il est

utile de rapporter ici le tableau qu'il en a présenté d'après **M. Capuron** :
« **Des catarrhes aigus ou chroniques de l'urètre, des yeux, du nez, de**
» **l'oreille, de l'intestin, des tumeurs de différentes natures, des abcès, des**
» **fistules, des végétations et des excroissances; les paupières enflammées,**
» **épaisses, rouges, ulcérées, cancéreuses; l'œil toujours baigné de larmes**
» **et plus ou moins lésé dans sa structure et dans sa fonction; la cornée trans-**
» **parente, obscurcie, altérée; l'épaississement de l'humeur vitrée; la con-**
» **crétion et l'opacité du cristallin; la fistule lacrymale; la diminution ou la**
» **perte de la vue; l'inflammation et l'ulcération de l'oreille interne avec des**
» **douleurs plus ou moins aiguës; la carie des osselets renfermés dans la ca-**
» **vité du tympan; des écoulements de pus, de sanie, de sérosité ou de sang**
» **par le conduit auditif, accompagné d'une fétidité insupportable; un bour-**
» **donnement continuel; la dureté ou la perte de l'ouïe; la phlogose de la**
» **membrane muqueuse qui tapisse l'intérieur de la bouche et des narines;**
» **l'ulcération de la voûte palatine, de la langue, des gencives, de la luette,**
» **des amygdales, de l'arrière-bouche, du larynx; la fongosité et le cancer**
» **des narines; la carie des os du palais, des cartilages du larynx; des os**
» **propres du nez, du vomer; la difformité de la face; le changement, l'al-**
» **tération ou la perte de la voix; l'érosion des gencives; la carie, l'ébran-**
» **lement et la chute des dents; la fétidité de l'haleine; la peau couverte de**
» **taches dont la forme, l'étendue et la couleur varient à l'infini; des érup-**
» **tions nombreuses, sèches ou humides, avec ou sans démangeaison; des**
» **crevasses ou des gerçures; des végétations ou excroissances de toute**
» **espèce; le soulèvement et la chute de l'épiderme, des tubercules, des pu-**
» **stules en différents endroits du corps; la chute des poils, des cheveux,**
» **même des ongles; des ulcères du plus mauvais caractère; des tumeurs plus**
» **ou moins dures; des douleurs insupportables presque sur tout le corps et**
» **spécialement dans les membres, lesquels simulent quelquefois le rhuma-**
» **tisme ou la goutte, la carie, le ramollissement, la mortification des os; le**
» **gonflement douloureux ou indolent des glandes lymphatiques; des maux de**
» **tête violents; le tremblement ou la convulsion des membres; la paralysie,**
» **l'insomnie, la toux, la difficulté de respirer; la phthisie tuberculeuse ou**
» **l'ulcération des poumons; la syncope ou les palpitations du cœur; l'affec-**
» **tion hypochondriaque, mélancolique ou hystérique; les viscères abdomi-**
» **naux engorgés ou obstrués : l'hydropisie, des hémorrhagies, la faiblesse,**
» **la langueur et l'abattement des forces; la fièvre lente; la diarrhée ou les**
» **sueurs colliquatives, l'amaigrissement, le marasme, la mort.** »

D'après ce tableau, que nous avons cité pour démontrer la vérité des pein-

tures de **M.** Barthelemy, on voit qu'il n'est pas d'affection qui ne puisse revêtir le caractère des maladies syphilitiques; ce qui a probablement donné naissance à cet aphorisme de Sydenham : *in omnibus morbis tenacibus suspicanda est lues venerea.*

NOTE 12.

N'a-t-il mis dans nos sens l'irrésistible envie,
L'impérieux besoin de propager la vie.

Les physiologistes ne sont pas d'accord sur l'organe d'où part la détermination d'agir pour se reproduire. Buffon, qui voulait qu'on regardât les parties génitales comme le siège d'un sixième sens, leur attribue la sensation qui en provoque directement l'exercice. MM. Broussais, Cabanis et Gall font dépendre au contraire cette faculté des impressions de l'ame. Les deux premiers l'attribuent à une réaction des organes sexuels sur l'imagination, et le dernier l'a fait dépendre d'une faculté primitive ayant son point de départ à l'encéphale. On sait que Gall indique en effet le cervelet comme le siège particulier de l'instinct de reproduction, et considère l'état plus ou moins prononcé de l'espace étendu entre les protubérances mastoïdes, situées derrière les oreilles comme le signe du penchant plus ou moins énergique de l'homme à se livrer aux plaisirs de l'amour.

Ce sentiment n'est pas le même chez tous les individus; il varie selon les dispositions organiques propres à chacune, et surtout selon les habitudes qui entretiennent l'imagination dans des idées trop fréquentes de volupté, ou lui donnent une direction contraire. L'oisiveté, les fêtes et les grandes réunions, si communes dans les cités populeuses, impriment à ce sentiment un caractère d'exaltation habituelle qu'il n'a pas chez les habitants de la campagne, ni à la ville chez ceux qui s'adonnent avec assiduité à l'étude et au travail. Ovide a dit avec raison :

Otia si tollas periere cupidinis arcus.

Les anciens ont prétendu que les muses étaient vierges, pour exprimer le peu de disposition qu'ont les savants aux plaisirs de l'amour, et Lafontaine a exprimé une grande vérité en disant que :

Un muletier à ce jeu vaut trois rois.

Le sentiment qui sollicite la réunion des sexes offre toutes les nuances in-
termédiaires entre la plus entière indifférence et l'amour porté jusqu'au
délire. Il y a même quelques individus que le dégoût éloigne de tout rapprochement sexuel, disposition particulière qu'on appelle *anaphrodisie*.

NOTE 13.)

Et du métal liquide, adorateur fervent
L'infuse dans le corps qu'il tue en le sauvant.

Le mercure était regardé par les anciens comme une substance dangereuse. Ils ne l'employaient pas en médecine. Les Arabes furent les premiers
qui en firent usage dans le traitement extérieur des maladies cutanées, et
contre les insectes qui naissent sur la peau. Toutefois, ils en redoutaient les
effets, car ils ne le laissaient entrer que dans la proportion d'un dixième à un
quarantième dans les onguents dont ils se servaient.

Vers la fin du quinzième siècle, en 1493, à l'occasion de l'épidémie si
grave et si rebelle qui régna à Naples, on fut conduit à faire usage du mercure, par l'analogie de quelques uns des symptômes de cette maladie avec
les affections lépreuses, contre lesquelles les Arabes avaient employé avec
succès des onguents dans lesquels entrait ce médicament.

Depuis cette époque, qui date de plus de trois cents ans, on n'a
pas cessé d'employer ce médicament contre la syphilis, malgré les nombreux
et graves accidents auxquels il donnait lieu, et que, par un aveuglement
incompréhensible, on a regardé jusqu'à la fin du dernier siècle comme les
résultats naturels de la maladie.

Le mercure fut d'abord administré sans règles et sans méthode. Quelques
médecins éclairés et prudents l'employèrent cependant avec quelque précau-
tion, tels furent entre autres, Gruenbeck, Widmann, Aguilaicus, Torella;
mais beaucoup de charlatans le prescrivaient sans mesure et sans discerne-
ment, ce qui en rendait l'usage beaucoup plus dangereux.

Le chevalier Ulrick de Hutten fut une victime remarquable de la confiance qu'on avait dans les propriétés du mercure, et de l'ignorance où
étaient alors les médecins sur la manière de l'employer. Cet écrivain, qui
soutint la réforme de Luther, nous dit avoir subi onze traitements mercuriels
dans l'espace de neuf ans, et n'avoir dû qu'au gaïac la guérison radicale
d'exostoses, de pustules, d'ulcères rongeants, de caries profondes et de dou-

leurs atroces. Cette manière de traiter la syphilis était si cruelle, que plusieurs aimaient mieux mourir que d'essayer à guérir par ce moyen. Qu'on ne croie pas cependant, répète Ulrick, que beaucoup fussent guéris ; à peine sur cent y en avait-il un, encore retombait-il très-souvent au bout de quelques jours.

Des résultats si fâcheux devaient porter les médecins à introduire quelques changements dans la manière d'administrer le mercure. Beranger de Carpi, médecin de Rome, soumit l'usage des frictions à une méthode uniforme, mais qui n'en fut pas plus salutaire ; car les accidents que produit le mercure n'en continuèrent pas moins à se manifester, au point que le médecin fut, dit-on, chassé de Rome, après toutefois y avoir gagné quarante mille écus romains. Il est vrai que l'expérience avait jeté si peu de lumières sur le traitement de la syphilis, que plus de trente ans après, on employait encore les mêmes moyens, et que, selon Fernel, qui vivait à cette époque, le mercure inspirait presque autant de terreur que le mal contre lequel on l'administrait. En parlant du traitement mercuriel, ce médecin reproduit à peu près les mêmes observations que Ulrick de Hutten. « Ce genre de médi-
» cament, dit Fernel, est si cruel que la plupart des malades aiment mieux
» périr de leur mal que de s'y soumettre..... Chez ceux qui s'y résignent, un
» état de langueur se fait bientôt sentir ; les dents s'ébranlent, elles devien-
» nent livides, des coliques surviennent, la gorge s'ulcère, la langue et le
» palais s'enflent, la salive coule perpétuellement de la bouche, les crachats
» sont infects et tellement excitants que les lèvres et les parties internes des
» joues sont parsemées d'ulcérations ; les malades répandent une odeur si
» désagréable qu'on ne peut en approcher ; l'air qui les environne en est in-
» fecté..... beaucoup ont des vertiges et deviennent fous ; plusieurs, pen-
» dant quelques années et même durant toute leur vie, tremblent des mains,
» des pieds et de tout le corps ; nous en avons vu mourir au milieu du traite-
» ment. »

Malgré le hideux tableau exposé par Hutten et Fernel des accidents que produisait le mercure, on n'en continua pas moins l'usage, parce que, comme je l'ai dit déjà, loin de les attribuer au médicament, la plupart des médecins n'y voyaient que les symptômes ordinaires de la syphilis ; et, dans leur persévérance à croire aux propriétés du mercure, au lieu d'en proscrire l'usage, s'attachaient à en régulariser l'application.

NOTE 14).

Et, bientôt dépouillé de son masque changeant
Reprend sa forme crue et coule en vif-argent.

Il y a peut-être ici de l'exagération poétique; mais tout le monde sait que l'onguent napolitain dont on se sert pour faire des frictions laisse échapper le mercure brillant et limpide, si on le fait fondre doucement. Les ouvriers doreurs et bijoutiers sont renvoyés de leurs ateliers quand ils prennent du mercure, car tous les objets qu'ils touchent sont maculés de points blancs, et deviennent friables et cassants. D'ailleurs tous les bons auteurs ont rapporté avoir trouvé du mercure dans les cavités des os et surtout à la base du crâne, et il n'y a rien là d'invraisemblable, puisque les nouvelles expériences de M. Orfila sur les poisons minéraux ont prouvé que l'arsenic, l'antimoine, le cuivre, le mercure, sont absorbés et coulent avec le sang dans tous nos organes. La chimie, sous ce rapport, est arrivée à un tel degré de certitude mathématique, que longtemps après la mort, on a retrouvé dans les muscles, dans la peau, des traces de mort violente, et l'analyse, qui ne peut pas tromper, vient hardiment en cour d'assises dire à MM. les jurés : « Oui , cet individu que l'on m'a soumis a dû être empoi-» sonné, car j'ai retrouvé telle quantité de poison.

Grace à cette intervention puissante de la science, tant de crimes cachés ne resteront plus impunis; les poisons, lentement administrés, ne seront plus une sauvegarde pour le lâche assassin, et les *poudres* de succession, dont le débit est plus grand que ne le révèle la Gazette des tribunaux, cesseront enfin d'avoir la vogue dans les familles plébéiennes, tout en conservant leur utilité politique dans la légitime filiation des czars et des sultans.

NOTE 15).

Alors soit qu'au virus il ait donné la mort,
Soit que ce vieux rival résiste dans son fort.

On a dit avec raison qu'à côté de l'avantage d'améliorer était le danger

d'innover. Cet adage s'applique à tous les novateurs, soit en religion, soit
en politique, soit en médecine ; et il n'y a pas une réforme qui n'ait
coûté beaucoup de sang. En niant l'altération des humeurs, Broussais voulut
asservir à sa doctrine de l'irritation toutes les maladies du corps humain,
et ses séides, en voulant prouver les aphorismes du maître, ont puissamment contribué à renverser la doctrine *dite* physiologique. D'ailleurs,
Broussais, dit M. Frappart, est mort demi-converti au magnétisme et à
l'homœopathie. MM. Richond, Devergie, et les partisans de Broussais,
pensaient que le virus syphilitique était une entité chimérique, que les
symptômes que l'on observait dans certains cas étaient dus à l'irritation des
muqueuses génitales et à leur vitalité particulière. Ils disaient avec plus de
raison que tous les caractères qu'on avait indiqués pour distinguer les accidents syphilitiques de ceux qui ne l'étaient pas, étaient faux et impossibles
à saisir, et, pendant quelque temps, on a douté avec eux (1). Enfin est venu
M. Ricord qui, rajeunissant les belles expériences de Hunter sur l'inoculation, a prouvé l'existence matérielle du principe syphilitique qu'on ne
voulait admettre qu'en théorie.

En effet, cette reproduction constante de symptômes identiques, est un
phénomène qui n'appartient qu'à la syphilis et à certains fluides mor-
bides. Au lieu de chercher, comme le docteur Donné, à reconnaître la
nature chimique des écoulements, à distinguer la forme des globules, ou
à constater la présence des vibrions et des animalcules microscopiques, on
s'est attaché à prouver la reproduction de l'ulcère, du bubon, des pustules,
et comme ce caractère ne trompe jamais, du moins dans la période
d'ulcération, il s'ensuit qu'on pourrait avoir recours à l'inoculation dans
quelque cas de médecine légale, et dans certaines circonstances, où un
malade aurait intérêt à prouver qu'il n'est pas atteint de la syphilis.

Cependant plusieurs médecins ont critiqué la mise en pratique de cette
méthode, qui, dit-on, est plus brillante que philanthropique. M. Desruelles
s'exprime en ces termes, dans l'excellent traité qu'il a publié : « Depuis
» onze ans que nous étudions d'une manière expérimentale les maladies
» syphilitiques, nous n'avons jamais pu nous résoudre à inoculer aucune des
» lésions syphilitiques ; notre position, du moins nous le pensons, ne nous
» permet pas de faire courir des chances incertaines aux soldats de l'armée
» confiés à nos soins. »

(1) Personne, disait Dupuytren (*Leçons orales*), n'oubliera le dévouement scientifique
de trois jeunes élèves qui s'inoculèrent le pus d'un ulcère syphilitique, et dont deux ont
péri martyrs de leur erreur.

Parmi les opposants de la méthode d'inoculation se trouvent deux hommes qui font autorité en pareille matière. Ce sont MM. Rattier et Cullerier, qui affirment « qu'on ne saurait proposer un moyen de diagnostic plus vicieux, » puisqu'en donnant à un malade un ou deux ulcères de plus, les chances » d'infection générale augmentent, de sorte qu'on a donné la syphilis » constitutionnelle à un homme qui ne l'aurait pas eue peut-être.

Du reste, tout en admirant les expériences sur l'inoculation, je crois qu'il serait peu convenable d'admettre en thèse générale qu'il faille toujours pratiquer cette opération, parce qu'il ne faut jamais, quand il y a doute, essayer d'enrichir les annales de la médecine aux dépens de l'humanité. D'ailleurs, partageant complètement les idées de M. Rattier sur la possibilité de guérir les maladies syphilitiques primitives sans mercure, il me paraît inutile de multiplier les accidents de la maladie, car la sécrétion morbide étant plus considérable, les chances d'infection générale deviennent plus probables (1).

NOTE 16).

En face d'Esquirol osez le soutenir
Ses accablants témoins sont prêts à comparaître;
Interrogez encor Charenton et Bicêtre.

M. Esquirol, dans sa *Statistique des causes productives de l'aliénation mentale*, prouve qu'il y a cent cinq cas de folie par hérédité sur trois cent cinquante-un, huit occasionnés par la syphilis et quatorze par l'emploi du mercure. M. Capuron dit que la syphilis mal guérie produit souvent la fongosité et le cancer des narines, la carie des os du palais, des os propres du nez, de maux de tête violents, le tremblement, de la convulsion des membres, la paralysie, l'insomnie, l'affection hypochondriaque, mélancolique ou hystérique.

Selon la doctrine d'Esquirol (art. *Folie*, du *Dictionnaire des sciences méd.*), la suppression d'un ulcère, d'un exutoire, peut produire la folie aussi bien que la rétrocession des dartres, de la goutte. L'abus, l'usage même des médicaments qui agissent fortement sur le système nerveux, ont souvent aussi le même résultat. Il n'est pas rare que des personnes deviennent aliénées

(1) D'ailleurs, si l'on en croit les révélations sur certains faits laissés dans l'ombre, les ulcères produits de l'inoculation n'auraient pas toujours été facilement arrêtés dans leur marche envahissante, et l'expérimentation couvrirait quelques lugubres souvenirs, ainsi que le rapporte le docteur Dugast, dont la bonne foi égale le mérite.

pendant le *traitement antisyphilitique soit par les frictions, soit par l'usage interne du mercure*. On en peut dire autant de l'usage de l'opium. »

M. Cullerier pense que la métastase peut s'opérer sur le cerveau et sur ses annexes, et produire des céphalies violentes, l'hémiplégie et même l'aliénation mentale. Ce qui semble confirmer cette opinion, qui est en rapport avec les lois communes des métastases, c'est que le retour naturel ou provoqué de l'écoulement a été presque toujours salutaire. (*Compendium*, page 585.)

Il y a plus de fous dans les villes que dans les campagnes, plus dans les pays civilisés que dans ceux qui le sont moins, et les souffrances que le génie a personnifiées sous les noms de Werther, d'Obermann, de Chatterton, ne sont pas les seules (a dit une femme célèbre) que la civilisation avancée nous ait apportées; et le livre où Dieu a écrit le compte des fléaux, n'est peut-être encore ouvert qu'à la première page.

Pour prouver que la folie est en raison directe de la civilisation et du relâchement des mœurs comme les affections syphilitiques, il nous suffira de citer, d'après la gazette des médecins praticiens, et l'érudit M. Brière de Boismont, le relevé des aliénés renfermés dans les principales capitales; c'est un argument concluant en faveur de notre opinion.

CAPITALES.	POPULATIONS.	ALIÉNÉS.		RAPPORT.
1. Londres	1,400,000	7,000	1 :	200
2. Paris	890,000	4,000	1 :	222
3. Saint-Pétersbourg..	377,046	120	1 :	3,133
4. Naples	364,000	479	1 :	79
5. Le Caire	330,000	14	1 :	30,714
6. Madrid	201,000	60	1 :	3,350
7. Rome..	154,000	320	1 :	481
8. Milan	150,000	618	1 :	242
9. Turin	114,000	331	1 :	344
10. Florence.	80,000	236	1 :	338
11. Dresde	70,000	150	1 :	466

Pour mieux-éclaircir la question, nous nous sommes adressé au docteur Calmeil, médecin ordinaire de Charenton, qui a fait des recherches si curieuses sur l'anatomie pathologique du cerveau, et voici ce qu'il nous a fait répondre par le docteur Godart, le 8 avril 1840.

« Monsieur,

« La plupart des aliénés des grandes villes, les hommes surtout, ont fait » un abus plus ou moins évident *des préparations mercurielles*. L'influence de » cette cause est principalement manifeste lorsque la folie se complique de » *paralysie musculaire*. Cependant les aliénés paralytiques abusent souvent » aussi du vin, de liqueurs fermentées et des plaisirs vénériens; il n'est donc » pas toujours facile d'apprécier à point nommé le degré d'activité du mer- » cure. Au reste, M. Esquirol, dans le premier volume des *Annales d'hy-* » *giène;* dans son Traité des *affections mentales;* M. *Parchappe*, dans son » *deuxième mémoire*, parlent, ainsi que la plupart des auteurs qui s'occupent » de folie, de l'action du mercure sur le système nerveux.

» L'action de la syphilis a souvent pour résultat de produire à la surface de » l'encéphale, dans le tissu osseux, dans les enveloppes fibreuses, ou même » dans l'interstice de la substance blanche ou grise, des *tumeurs jaunâtres et* » *gommeuses;* j'ai, pour mon compte, disséqué plusieurs de ces produits acci- » dentels, et le professeur *Lallemand*, dans ses *lettres*, rapporte plusieurs ob- » servations où il met en évidence l'infection syphilitique. M. *Abercrombie*, » dans son ouvrage sur les *maladies du cerveau*, etc., fait aussi, lui, une part » assez large à l'influence du mercure et de la syphilis. »

« La folie, dit Fodéré, peut être produite par l'abus du mercure dans le traitement des maladies vénériennes. M. Double a vu deux cas de cette es- pèce qu'il a guéris. » (*Journ. génér. de méd.*, février 1810, p. 189.)

Dans le *Journal de Paris* du 16 janvier 1789, on trouve une lettre adressée aux rédacteurs par M. Gilbert, professeur à l'école vétérinaire, dans laquelle il est dit : « Le père Edme, chirurgien de l'hôpital de Charenton, qui joint des connaissances très étendues à un zèle sans borne, et l'esprit d'observation à l'esprit de charité, vient de me faire part d'un fait qui mérite l'attention de tous ceux qui s'occupent de la conservation des hommes.

» Sur vingt personnes que l'aliénation d'esprit conduit à Charenton, le père Edme a remarqué qu'il y en avait dix-neuf au moins qui avaient été soumises à des traitements mercuriels, et que le désordre est d'autant plus grand que les traitements avaient été plus longs et plus souvent répétés. »

Depuis que Gall et Spurzheim ont publié leurs recherches sur le système nerveux, et sur le cerveau en particulier (1809), une attention toute spéciale a été dirigée vers ce sujet, et des traités plus ou moins importants ont vu le jour. Parmi eux nous pouvons citer les travaux de MM. Rochoux, Rostan, Lallemand, Georget, Bouillaud, Serres, Abercrombie, Cruveilhier, Andral et Calmeil.

C'est à dater de ce moment que l'on a entrevu un grand nombre de maladies distinctes qui peuvent entraver les fonctions d'innervation : l'anatomie pathologique, plus cultivée que par le temps passé, a révélé des altérations qui jusqu'alors étaient restées inaperçues. On a fondé une nouvelle méthode diagnostique sur le concours du raisonnement et de l'observation ; on a découvert de nouveaux signes ; on a insisté avec plus de soin sur les manifestations symptômatiques que l'on appréciait sans attention anciennement ; et, dans un grand nombre de cas, on est parvenu à localiser, dans l'organisme, des troubles que l'on avait, au commencement du siècle, vaguement attribués à des perturbations essentielles de l'intelligence, du sentiment et du mouvement.

NOTE 17).

Le culte de Mercure est un culte idolâtre.

A l'époque où il était généralement admis qu'on ne pouvait guérir la syphilis sans mercure, déjà des observateurs de premier ordre avaient reconnu qu'il échouait souvent contre ce genre de maladies. « Ceux qui affirment que le mercure guérit toutes les maladies vénériennes se trompent ou veulent tromper, dit Van Swiéten, car il en est dans lesquelles il est sans efficacité, quelle que soit la manière dont on l'emploie ; et, souvent même, il peut occasionner les accidents les plus graves dans une infinité de cas. »

Louis, convient aussi que le mercure ne guérit pas toujours, que souvent au contraire les symptômes augmentent, ou qu'il survient de nouveaux accidents dans les cas même où le traitement semble avoir été dirigé avec le plus de prudence.

On sait généralement que les symptômes qui paraissent avoir été guéris par le mercure, reparaissent souvent bientôt après. Bomfiel, Blégny, et beaucoup d'autres praticiens en ont fait la remarque.

Alexandre Trajan Pétronio, cité par M. Richon de Brus, affirme, d'après son expérience, que l'action du mercure est toujours incertaine, et qu'on ne peut jamais l'administrer avec succès. En effet, si on modère son usage par la crainte de nuire, on ne guérit pas ; et si on élève la dose, il peut faire beaucoup de mal ; d'où il faut admettre qu'il est fort difficile de l'administrer de manière à ne pas en redouter les effets.

Swédiaur, dans le chap. XVIII de son *Traité* consacré à l'examen des maladies qui ne cèdent pas au mercure et des causes de son inefficacité, s'exprime ainsi : « Quoiqu'il y ait peu de praticiens qui n'aient vu de fréquents exemples de maladies syphilitiques qui résistent au mercure, et que nous voyons à peine un écrivain d'importance qui n'en fasse pas mention, aucun d'eux n'a cependant, à ma connaissance, fait des recherches exactes ni un exposé suffisant de ces causes ; ce qui m'a engagé à examiner ce sujet avec attention et à exposer le résultat de mes recherches. J'ai vu nombre de personnes attaquées de gonorrhées invétérées, d'ulcères phagédéniques aux parties génitales, de gonflements douloureux et carie des os, d'éruptions cutanées, d'ulcérations au nez, à la gorge, etc. ; d'excroissances condylomateuses ou verruqueuses en différentes parties du corps, etc., qui semblaient résister obstinément au pouvoir du mercure, et les symptômes, bien loin d'être dissipés, étaient plutôt augmentés par cette médication, ou, s'ils semblaient guéris, ils reparaissaient souvent peu de temps après... Il arrive fréquemment que l'on est trompé sur les effets du mercure, parce que les maladies, quoique originairement produites par le virus syphilitique, ont changé de caractère, ont dégénéré en maladies d'une nature toute différente pour lesquelles le mercure, loin d'être un remède salutaire, est devenu un vrai poison. C'est surtout dans les ulcères qu'on s'aperçoit de ce changement. Ils deviennent stationnaires sous l'usage du mercure, et bientôt après tendres et douloureux au moindre attouchement ; leur matière devient âcre et corrosive, ou bien le malade est accablé d'une faiblesse générale, d'une cachexie universelle ; les gencives saignent aisément, l'haleine et la bouche sentent mauvais, l'ulcère devient livide, sale, atonique ; le malade n'a ni vie ni vigueur. »

Ce tableau, présenté par Swédiaur, doit frapper d'autant plus que ce médecin était lui-même partisan du mercure, ce qui donne à sa parole toute la confiance due à la bonne foi.

Il est donc incontestable que par son emploi souvent la maladie résiste au mercure ou peut être aggravée, quel que soit le mode de préparation et la manière dont on administre ce métal.

Si on se représente maintenant la multitude des causes qui peuvent rendre inefficace l'usage de ce médicament, et les accidents si nombreux et si graves que, de l'aveu même de ses partisans il peut occasionner, on doit s'étonner que tous les médecins ne soient pas d'accord pour rejeter de la thérapeutique une substance aussi dangereuse.

Ce n'était pas assez de savoir que le mercure ne guérit pas toujours et peut faire beaucoup de mal, il fallait encore prouver qu'il n'était pas indis-

pensable, et qu'il existait des moyens de guérir plus efficaces et non accom-
pagnés de danger. C'est principalement aux médecins anglais, chargés du
service des grands hôpitaux militaires, que cette tâche était réservée.

Guillaume Fergusson, médecin de l'armée anglaise et espagnole en Por-
tugal, eut occasion de guérir un grand nombre de malades atteints de la
maladie vénérienne, sans employer un seul grain de mercure, ce qui l'en-
gagea à publier ses observations et à conseiller à ses compatriotes de cesser
l'emploi d'un remède qu'il voyait souvent produire des accidents très graves
dont les malades se ressentaient toute la vie.

Quelques années après que Fergusson eut fait connaître les résultats de
son expérience, plusieurs ouvrages publiés en Angleterre par Thompson,
Rose, Barthe, etc., contribuèrent puissamment à faire rejeter le mercure
du traitement des maladies vénériennes.

MM. Gordon et Guthrie, médecins de l'hôpital d'York, ont aussi traité
et guéri beaucoup de vénériens sans employer le mercure. Guthrie affirme
particulièrement que tous les ulcères des parties génitales, quels que soient
leur forme et leur aspect, sont guérissables sans mercure. Ce serait, suivant
lui, un fait établi sur plus de cinq cents observations qu'il a recueillies ou
qui lui ont été communiquées d'individus traités dans les différents régiments
des gardes pour des maladies vénériennes (1).

Tandis que MM. Evans, Murray, Brown et les syphilographes de l'école
physiologique constataient en France l'inutilité du mercure, en l'excluant du
traitement des maladies vénériennes, je réunissais de mon côté de nombreuses observations qui attestent les heureux effets qu'on peut obtenir des
antiphlogistiques et des dépuratifs sagement combinés.

L'action bienfaisante des sudorifiques dans le traitement de la syphilis est depuis longtemps reconnue. On sait qu'en Égypte, où ces
maladies sont très communes, les moines la guérissent fort bien par le seul
moyen des bois antivénériens. L'utilité de l'excitation des fonctions de la
peau est encore démontrée par la guérison spontanée de la syphilis souvent observée chez les malades qui passent des pays froids de l'Europe dans
les régions tropicales. C'est aussi par la même raison que peut s'expliquer
chez les forçats la disparition sans traitement des maladies dont ils sont in-
fectés, et qui n'est due qu'à la réaction cutanée que déterminent habituel-
lement chez eux les travaux pénibles auxquels ils sont condamnés.

Les témoignages qui précèdent, présentés en faveur des guérisons obte-

(1) Mémoire de Krueger, *Journal comp.*, t. XIV, p. 110.

nues sans mercure, étant réunis dans un chapitre destiné à faire connaître les funestes accidents que peut occasionner ce remède, doivent être un motif de plus d'en faire rejeter l'usage.

Les accidents immédiats du mercure ne se bornent pas à ceux auxquels on peut remédier. Il arrive souvent, lorsque la salivation est établie, que les dents se noircissent, se carient, s'ébranlent et tombent, sans qu'on puisse y mettre obstacle.

Quant aux accidents consécutifs que peut déterminer le mercure, indépendamment de ceux que nous venons d'énumérer, il en est un qui mérite une grande attention : c'est l'altération générale que peut éprouver l'organisme par l'effet du mercure *donné à trop forte dose*, ou à la suite de plusieurs traitements mercuriels. Il est évident qu'il existe une habitude cachectique produite directement par le mercure, et qu'on peut appeler *cachexie mercurielle*. On doit même croire que l'état, désigné communément sous le nom de cachexie vénérienne, n'est pas moins dû à l'abus du mercure qu'à la diathèse syphilitique. Cela paraîtra d'autant plus probable qu'il n'y a pas d'exemple d'un vénérien tombé en cachexie sans avoir été traité par le mercure.

Les mots : *donné à forte dose*, soulignés plus haut, ne veulent pas dire que, pour produire la cachexie, le mercure doit être porté à une dose invariablement déterminée; ces résultats au contraire peuvent varier selon la disposition des individus; et telle dose assez minime pour ne produire que des effets peu remarquables chez quelques uns, peut suffire chez d'autres pour les jeter dans un état cachectique, tant les effets de ce médicament sont incertains.

M. Desruelles s'exprime ainsi, relativement au mercure, dans *l'Esculape* (journal) du 12 avril 1840 :

« Il peut nuire et être mal supporté à la dose la plus minime. C'est alors que vous verrez le malade triste, abattu; sa langue se couvrira d'un limon jaunâtre, son haleine sera fétide et son appétit perdu; il conservera, quoi qu'il fasse, un goût métallique dans la bouche. Si ces phénomènes précurseurs ne vous mettent pas sur vos gardes, des coliques, des pincements d'estomac, quelques nausées, des vomissements même, une fièvre vive, une soif, sècheresse et brûlure de la gorge, un amaigrissement rapide, une teinte jaunâtre de la peau, et un tiraillement inaccoutumé des traits de la face, vous avertiront, mais bien tardivement, que la dose du mercure est très élevée, qu'elle est mal supportée, qu'elle nuit. »

» Dans ces cas, les maladies syphilitiques partagent la souffrance de l'organisme, et le médicament qui devait les guérir, les exaspère, entrave leur marche, et les précipite dans des terminaisons funestes. Des affections secondaires se montrent, celles surtout qui siègent à la peau, aux ouvertures des membranes muqueuses, se succèdent, s'aggravent et se compliquent de plus en plus. C'est alors que le régime diétique et l'hygiène dévoilent toutes leurs puissances d'action. »

NOTE 18).

La vérité commence à luire sur la France.

Après avoir suivi les cours cliniques de Cullerier, de 1820 à 1825, à l'hospice du Midi, je soutins ma thèse au grade de docteur, le 1ᵉʳ février 1825, sur un sujet qui parut bien hardi et qui m'a suscité de nombreuses tracasseries; elle était intitulée : *De la thérapeutique des affections syphilitiques sans l'emploi du mercure.* Depuis ce temps l'opinion a fait bien des progrès, et, d'après l'impulsion que les médecins de l'école de Paris ont donnée à la science, partout où le nouveau traitement sera exactement et soigneusement appliqué, il rendra les maladies syphilitiques de plus en plus légères, diminuera le nombre et la gravité des accidents qui les compliquaient si souvent, et la guérison sera généralement exempte de récidive. On ne verra plus ces marques honteuses et ineffaçables qui ont troublé le repos de tant de familles et empoisonné l'existence de ceux qui les portaient.

On doit être tolérant pour les idées mystiques de la multitude, et pour les chimériques projets de certains publicistes; mais, induire la tolérance des fausses pratiques en médecine, c'est commettre un délit moral; l'on ne saurait donc trop s'empresser de révéler les erreurs dangereuses des partisans du mercure; et certes l'on doit plus s'étonner de la coupable indifférence des médecins qui le prescrivent, que de la crédulité de ceux qui y ont recours; car souvent ils ne le prennent qu'avec défiance, et ce n'est que par l'espérance chimérique d'être guéris *plus radicalement*, que les malades se soumettent avec résignation à ce traitement qui n'a pour lui que l'ornière de la routine et le prestige des préjugés.

NOTE 19).

Et sait qu'il est trop tard pour réclamer l'appui
D'un système sauveur qu'il repoussa de lui.

Le cadre de ces notes ne comporte pas que l'on entre dans les détails du traitement de chaque symptôme des maladies syphilitiques, et nous l'indiquerons sous forme d'aphorismes dont le développement se trouve dans un ouvrage *spécial* que nous avons publié sur ce sujet, intitulé : *Traité des maladies syphilitiques*, 1 vol. in-8. avec grav.

— I —

La blennorrhagie peut être guérie dans quelque cas, surtout lorsqu'elle est bénigne, par la diète, le repos, les bains, les boissons délayantes, et quelquefois les évacuations sanguines. Mais en général la prudence exige quelques dépuratifs internes.

— II —

Lorsque cette maladie a été longtemps douloureuse, qu'elle a donné lieu à l'orchite, elle peut déterminer les accidents généraux de la syphilis, dont elle réclame le traitement. Les moyens qui conviennent, dans ce cas, sont l'usage des sudorifiques unis aux calmants, et des purgations légères réitérées, lorsqu'il n'y a pas de contre-indication.

— III —

Les injections ne doivent jamais être employées pendant la période inflammatoire. Le traitement abortif par le copahu ou le poivre cubèbe, ne doit être tenté que chez les individus robustes, peu irritables et lorsqu'il n'existe aucun indice d'irritation intestinale.

— IV —

Les ulcères primitifs peuvent disparaître par un traitement local; mais alors on a à redouter les accidents consécutifs auxquels la syphilis peut donner lieu; il n'est pas prudent de les traiter de cette manière. Lorsque les ulcères sont indolents et restent stationnaires, malgré le traitement rationnel intérieur, ils ont besoin d'être ranimés. Les lotions alcooliques, l'eau de chaux, les savonules de potasse caustique, le nitrate d'argent, l'onguent styrax, sont les principaux moyens qui conviennent à leurs pansements.

— V —

Lorsque les ulcères sont douloureux, rongeants, serpigineux, la saignée, les sangsues, les émollients, les lotions et les onguents opiacés, sont les moyens extérieurs les plus convenables. La sévérité du régime, les sudorifiques concentrés, les purgations légères réitérées, tous les excitants propres à produire une révulsion sur le tube intestinal, peuvent convenir, étant employés à propos, sauf le mercure qu'on doit exclure rigoureusement.

— VI —

Tous les symptômes syphilitiques primitifs et consécutifs réclament l'usage d'un traitement général. J'appelle traitement général toute médication intérieure combinée, selon les circonstances, avec l'usage des remèdes externes, de manière à faire cesser l'état morbide.

— VII —

Le traitement général des affections syphilitiques primitives et secondaires doit durer ordinairement de trente à cinquante jours; ce délai est nécessaire aux modifications que doit subir l'état morbide pour parvenir à la guérison, afin de coordonner l'action des médicaments de manière à né pas occasionner d'irritation intestinale.

— VIII —

Lorsque la syphilis est invétérée, le traitement doit durer un temps indéterminé, et qui est plus ou moins long, en raison de la détérioration que la constitution du malade a pu subir, parce que le retour à la santé ne peut s'opérer que par une succession de mouvements organiques conservateurs, provoqués par l'action des médicaments, et dont le terme dépend nécessairement des dispositions de la maladie et du malade à se modifier par le traitement.

NOTE 20).

Là, désormais rebelle à des soins superflus,
Etendu sur un lit qu'il ne quittera plus.

Quand un homme, jeune encore, occupant une position sociale, honorable et jouissant de l'affection d'une famille qu'il aime et dont il est aimé, se tue sans motif apparent, sous le vain prétexte du dégoût de la vie, *de spleen*, que l'on prenne des informations exactes, et l'on verra que, sur cent suicides de cette espèce, les trois quarts au moins doivent être attribués aux effets du mercure donné inutilement sous toutes les formes. En effet, c'est en vain qu'un malade change de médecin, car la méthode ne change pas. Cela me rappelle la réponse d'un habitant de Palerme à qui je disais, à l'avénement du dernier roi, que le sort de la Sicile allait probablement s'améliorer sous la direction d'un jeune roi. « *No lo credo, il maestro di capella è cambiato, ma la musica sarà sempre la stessa.* »

Je n'aurai pas beaucoup à dire pour convaincre que les passions violemment excitées portent le trouble dans tout individu, soit dans son organisation, soit dans son intelligence. Lorsque l'ame est fortement ébranlée par une affection vive et imprévue, les fonctions organiques sont bouleversées, la raison est troublée, l'homme perd la conscience du *moi*, il est dans un vrai délire; il commet les actions les plus irréfléchies, les plus contraires à ses affections, à ses intérêts. Mais le délire des passions est passager; le suicide qu'il provoque est instantané; s'il n'est point consommé, ordinairement il ne se renouvelle plus; la tentative infructueuse semble avoir été la crise de l'affection morale. Tel est le suicide involontaire aigu, bien différent du suicide réfléchi et chronique, occasionné par les affections syphilitiques exaspérées par les mercuriaux.

Celui à qui la douleur ne laisse aucun instant de relâche, qui n'entrevoit point le terme d'une longue et cruelle maladie, après avoir d'abord supporté ses maux avec résignation, devient impatient; et subjugué par les souffrances qui l'affaiblissent depuis longtemps, se tue pour mettre fin à des maux intolérables. Il n'est point d'état qui inspire plus de crainte de mourir, et en même temps d'être délivré des maux présents, que l'hypochondrie syphilitique.

Enfin l'idée de se tuer devient une idée fixe qui préoccupe sans cesse les malades, idée dont ils ne peuvent se distraire ni être distraits; toutes leurs pensées sont dirigées, concentrées, sur cet objet avec tout l'entêtement et toute l'opiniâtreté dont les autres monomanes sont susceptibles. Si la fatigue de la veille les fait dormir, ils ont des rêves affreux; ainsi, la nuit comme le jour, ces infortunés ne peuvent éloigner de leur pensée l'idée de la mort, pas plus que les autres monomanes ne peuvent se défaire de l'idée qu'ils sont ruinés, déshonorés, damnés, etc., etc.; tant l'attention concentrée pervertit les impressions, rend douloureux les rapports extérieurs, brise tous les liens qui rattachent à la vie.

Il faut en général traiter philosophiquement les malades; la guérison en

est plus prompte et exempte de toute récidive si l'on sait les rassurer sur l'avenir de leur santé, et détruire certains préjugés existant sur la non pos- sibilité de guérir radicalement. Sous ce rapport je partage entièrement l'opinion de M. Rattier qui dit avec raison : « Il ne faut pas croire qu'il y ait
» un grand avantage à exagérer les dangers de la syphilis ; l'erreur et le
» mensonge ne peuvent avoir de bons résultats. J'ai toujours vu que cette
» crainte, tout insuffisante pour arrêter une jeunesse inexpérimentée, n'a
» d'autre but que de produire chez des sujets méticuleux une *syphiliphobie*
» (rage vénérienne), monomanie véritable que j'ai observée surtout chez les
» étudiants en médecine. Pour ceux qui en sont atteints, il n'est plus de
» repos, les phénomènes les plus simples, les plus insignifiants, sont pour eux
» la syphilis ; avec la peau la plus saine, ils se voient couverts d'ulcères ron-
» geants, et sont persuadés qu'ils ne guériront jamais, qu'ils ne pourront
» jamais se marier sans communiquer à leurs femmes, et sans transmettre à
» leurs enfants une odieuse et funeste affection. Plus d'un suicide a eu pour
» cause cette triste préoccupation. Heureux encore ces malades, s'ils tom-
» bent entre les mains d'un médecin honnête homme et expérimenté tout à
» la fois ; car, s'ils s'adressent à l'un des médecins trop nombreux qui n'ont
» étudié la syphilis que dans les livres, ils l'induiront en erreur et l'obligeront
» à leur administrer un traitement qui est aussi nuisible quand il n'est pas
» indiqué, qu'il est efficace et salutaire lorsqu'il existe une véritable syphilis.
» Que serait-ce donc si, comme il y a cent chances pour une, ils s'adressent
» aux charlatans dont fourmillent nos grandes villes, et qui peuvent être
» considérés comme un fléau plus funeste que la syphilis elle-même. »

Le poème de la *Syphilis* est un modèle de précision et un chef-d'œuvre de philosophie pratique. Il contribuera puissamment à éclairer les masses et à détruire l'hydre mercurielle, et sous tous les rapports il est digne des autres productions de l'auteur de *La Némésis ;* nouveau Fracastor, son nom sera conservé dans les annales de la médecine ; car ses vers ne contiennent aucune hérésie scientifique. Déjà M. Barthélemy avait fait une heureuse excursion dans le domaine des sciences médicales, et je ne puis résister au désir de rappeler quelques vers qui sont toujours restés gravés dans ma mémoire, c'est la description du choléra-morbus qui parut dans *La Némésis* du 28 août 1831.

Oh ! vous méritez bien toute reconnaissance,
Ingénieux docteurs, qui dès notre naissance

Infiltrez dans nos bras, sur la pointe du fer,
Le bienfaisant poison recueilli par Jenner,
Vous, fléaux de la mort et des épidémies,
Qui gardez nos santés dans vos académies
Qui, par de longs calculs, des mémoires savants,
Augmentez chaque jour le nombre des vivants,
Et grace à la vertu de vos électuaires,
Frustrez de tant de noms les listes mortuaires!
Honneur, gloire à vous tous qui pour le genre humain
Consumez tant de nuits une plume à la main,
Philanthropes rêveurs qui, poussés d'un beau zèle,
Avez bâti pour nous la paix universelle!
Oh! qu'un dieu paternel récompense vos soins!
Mais, hélas! que nous font quelques tombes de moins?
Vous ne casserez pas la grande loi : personne
N'ébrèchera la faux du spectre qui moissonne;
La nature et la mort ensemble ont fait un bail :
Celle-ci doit livrer tant d'hommes en détail;
Quand un siècle finit, et que dans son domaine,
La nature en comptant cette monnaie humaine,
Trouve un grand arriéré dans le total promis
Elle appelle la mort, son oublieux commis :
« Tu fais mal ton métier, lui dit-elle en colère;
» D'où vient ce déficit au livre séculaire?
» Je devrais voir pourtant, à l'article trépas,
» Un million de plus que je ne trouve pas;
» Sais-tu bien qu'un retard dans la mort d'un seul homme,
» Qu'avant son temps prescrit la chute d'un atome,
» Une goutte de moins dans le bassin des mers,
» Qu'un rien peut, sur son axe, arrêter l'univers. »
Et la mort lui répond : « Ah! je n'ai pu mieux faire;
» On lutte contre moi dans le double hémisphère;
» L'homme se fait rusé, je crois, en vieillissant;
» Dans des veines de glace il réchauffe le sang;

» Il rajeunit les os ; chaque jour il invente,
» Radoube, met à neuf sa carène vivante ;
» Et le temps arrivé, si je viens le saisir,
» Je le trouve bardé de baume et d'élixir ;
» Chaque jour il enlève un sapin à mon trône ;
» On fait des lazarets contre la fièvre jaune,
» Et la peste classique, esclave du savant,
» A peine m'obéit dans un coin du Levant.
» Encor, si dans ces jours de cruelle disette,
» Je pouvais sur la guerre établir ma recette !
» Mais on ne se bat plus sur les deux Océans ;
» Les peuples sont bénins et les rois fainéants ;
» Je me meurs ; sous mes yeux la belliqueuse Europe
» Abjure son erreur et se fait philanthrope ;
» Tous les fléaux mortels désertent mes drapeaux,
» Et le gazon maigrit dans les champs de repos. »
Quand ces êtres puissants, suspendus sur nos têtes,
Ont ainsi compulsé leurs archives secrètes ;
Ils méditent longtemps quelque horrible projet.
Pour remplir d'un seul coup leur atroce budget,
Imprimant à ses os un cliquetis de rage,
La mort part ; elle va combler son arrérage ;
L'Être exterminateur a promis cette fois
Que sa froide balance aura son juste poids.
Jadis, elle appelait dans ces moments de crise,
Tamerlan, Attila, Genseric ou Cambyse,
Puissants dévastateurs qui, dans leur grand chemin,
Comme sous un marteau broyaient le genre humain,
Et, poussant au hasard leur course vagabonde,
Rendaient à leur insu l'équilibre à ce monde.
Mais le siècle n'est plus où, comme des volcans
Des monts Himalaya, sortaient les Gengiskans ;
Le casque d'Attila, comme une armure usée
Ne trouve plus de tête, et dort dans un musée ;

Partout la vie abonde, et les peuples voisins
Pullulent, sans frémir au nom des Sarrasins.
N'importe, pour avoir son bien qu'elle réclame,
L'ingénieuse mort ravive un Abdérame,
Un exterminateur, dont le corps immortel
Se rit des Marius et des Charles-Martel.
Oh ! cette fois honneur au tout-puissant squelette !
Son génie est fécond, et son œuvre est complète !
De ce fils dévorant le monde parlera ;
Sa marraine d'enfer l'a nommé Choléra !
Tous les autres fléaux, ces vieilles renommées,
La peste, le typhus, ne sont que des pygmées
Que l'octroi de la mer tient vingt jours en arrêt,
Qu'un commis emprisonne aux murs d'un lazaret ;
Monstres dégénérés, sans vertus homicides,
Qu'on étouffe en naissant dans un vase d'acides.
Mais lui, le choléra, ne connaît de prison
Que les cercles du pôle où s'éteint l'horizon ;
Dans le Gange et l'Indus sa retraite est choisie ;
Le voyez-vous bondir du plateau de l'Asie
Immense réservoir aux gouffres inconnus,
D'où les grands ravageurs de tout temps sont venus ;
Il vient comme un condor d'épouvantable augure,
De ses ailes sans fin déployant l'envergure,
Troublant avec ses pieds l'eau d'un double bassin,
L'un dans la mer Baltique et l'autre dans l'Euxin.
Pour tomber sur le nord et franchir le Caucase
Il a bravé du czar l'impérial ukase ;
Comme des ornements il suspend à son cou
Les dômes du Kremlin et les croix de Moscou,
Sans crainte cette fois que Sobieski vienne
Il remplace les Turcs sous les remparts de Vienne,
Dévore les Baskirs, les cavaliers du Don
Qu'une loi salutaire éparpille en cordon ;

Il chasse tous les rois , entre ses mains fatales
Il tord les intestins des villes capitales ;
Il brûle tout au feu de ses exhalaisons ,
Trace la croix de sang sur toutes les maisons ,
Charge les tombereaux et les noires litières
De cadavres portés aux étroits cimetières ;
Puis, quand il s'est repu, quand devant chaque seuil
Il a fait dérouler la tenture de deuil ,
Quand il ne trouve plus que des demeures vides,
Quand il a desséché, sous ces lèvres avides ,
Tout ce qu'une cité peut contenir de pleurs
Il s'éloigne en riant et va jouir ailleurs.
Où va-t-il ce géant que le monde redoute ?
Qui connaît le secret de sa carte de route ?
Errera-t-il longtemps sur les cercles germains ?
O terreur ! De ce globe il sait tous les chemins !
Agent mystérieux , accablant phénomène ,
Il détruit tout calcul de la science humaine :
En vain veut-on trouver le monstre aérien ,
L'œil se perd dans la nue , il n'y rencontre rien.
Le mal est sous son vol une horrible merveille ;
Il dément aujourd'hui ce qu'il a dit la veille ;
Ce qu'il fera demain l'homme ne le sait pas :
Tantôt en droite ligne il marche pas à pas ;
Puis, changeant tout à coup sa tactique de guerre,
Comme un cheval d'échec, il bondit en équerre ;
Il aime à déjouer les systèmes de l'art ;
Si l'on dit : ce fléau respecte le vieillard ;
Sur l'heure, au même jour, le choléra s'avance,
Etouffe le vieillard et respecte l'enfance.
Prouvez-vous que le nord arrête ses progrès,
Il s'installe à Dantzick sous cinquante degrés :
Sous des cieux opposés le monstre s'acclimate ;
Né sur le sol heureux qu'embaume l'aromate,

Il s'ébat volontiers, dans ses horribles jeux,
Au bord des lacs infects et des marais fangeux.
Mais qu'il révèle bien l'infernale pensée
Par qui sur les humains sa rage fut poussée,
Quand il punit de mort, sur l'heure du délit,
L'imprudent qui se rue aux voluptés du lit!
Le choléra jaloux, dans son brûlant passage,
D'une teinte verdâtre empreint son frais visage,
Il glace ses pieds nus, brûle ses intestins,
D'horribles visions trouble ses yeux éteints,
Suspend des longs baisers la nocturne harmonie
Et change un cri d'amour en râle d'agonie.